84
53-55
56
82
83
60-61
62-65
66
67-70
71-72
52
50-51
57
58
43
59
44
36
45
38
37
40
39
46
42
Mahayana
41 Angkor (98–99)
42 Borobudur (100–101)
43 Hanoi (102–103)
44 Hue (104–105)
45 Danang (106–107)
46 Saigon (108–109)
47 Seidenstraße (110–111)
48 Dunhuang (112–113)
49 Lanzhou (114–115)
50 Luoyang (116–117)
51 Luoyang (118–119)
52 Xian (120–121)
53 Datong (122–123)
54 Hengshan (124–125)
55 Yingxian (126–127)
56 Beijing (128–129)
57 Shanghai (130–131)
58 Guangzhou (132–133)
59 Hainan (134–135)
60 Sokcho (136–137)
61 Seoraksan (138–139)
62 Gogulsa (140–141)
63 Gyeongju (142–143)
64 Gyeongju (144–145)
65 Haeinsa (146–147)
66 Miyajima (148–149)
67 Koyasan (150–151)
68 Nara (152–153)
69 Nara (154–155)
70 Kyoto (156–157)
71 Kamakura (158–159)
72 Tokio (160–161)

Hermann-Josef Frisch

Die Welt des Buddhismus

Hermann-Josef Frisch

Die Welt des Buddhismus

Von Indien bis Japan

THEISS

Titelbild: Chedis (Stupas) im Wat Saeng Fang, Chiang Mai, Thailand

Indische Namen der Orte aus dem Leben des Buddha sind in der Sanskrit-Form wiedergegeben, Orte in Sri Lanka und Südostasiens in der Pali-Form. Chinesische Ortsnamen entsprechen der heutigen offiziellen Schreibweise.

Die Deutsche Nationalbibliothek verzeichnet diese Publikation
in der Deutschen Nationalbibliografie;
detaillierte bibliografische Daten sind im Internet über
http://dnb.d-nb.de abrufbar.

Der Konrad Theiss Verlag ist ein Imprint der WBG.

Die Herausgabe des Werkes wurde durch
die Vereinsmitglieder der WBG ermöglicht.
Redaktion: Ruthild Kropp, Frankfurt
Einbandabbildung: Meili Xue Shan, Yunnan, China © traveler1116
<http://deutsch.istockphoto.com/portfolio/traveler 1116> – istockphoto.com
Einbandgestaltung: Peter Lohse, Heppenheim
Satz: Hermann-Josef Frisch, Overath
Gedruckt auf säurefreiem und alterungsbeständigem Papier
Printed in Germany
Besuchen Sie uns im Internet: www.wbg-wissenverbindet.de

ISBN 978-3-8062-3277-6

Elektronisch sind folgende Ausgaben erhältlich:
eBook (PDF): 978-3-8062-0047-8
eBook (epub): 978-3-8062-0048-5

Inhalt

Einführung

Die Lehre des Buddha findet in westlichen Ländern zunehmend Zuspruch, doch einer Prägung von Ländern und Kulturen durch den Buddhismus begegnen wir nur in Südasien, Südostasien und Ostasien. Hier waren und/oder sind Kulturen seit vielen Jahrhunderten vom Buddhismus beeinflusst und geprägt. In diesen Gebieten finden wir auch heute reges buddhistisches Leben.

Wer sich deshalb für die charismatische Gestalt des Buddha und den Buddhismus interessiert, tut gut daran, auf diese Länder zu schauen. Heute ist es möglich, alle vom Buddhismus geprägten Gebiete zu bereisen, und viele Europäer haben bereits einen Einblick in vom Buddhismus geprägte Länder gewonnen – sei es Indien oder Japan, sei es China oder Thailand, sei es Indonesien oder Myanmar. Doch nur wenige haben die Möglichkeit, die vielen buddhistischen Regionen intensiv zu bereisen – ich bin dankbar, dass mir diese Möglichkeit auf über fünfzig Reisen dorthin gegeben wurde.

Aus dem Reichtum der Erfahrungen, die ich in Asien gesammelt habe, ist dieser Band entstanden. Er hat eine ganz spezielle Zielrichtung, anderes dagegen kann er nicht leisten. So will dieses Buch

- keine Beschreibung des Lebens von Siddhartha Gautama geben, den man den »Buddha« (den »Erleuchteten«) nennt. Dazu gibt es vielfältige Literatur (vgl. etwa Hermann-Josef Frisch, Der Buddha. Die Geschichte des Erwachten, Ostfildern 2011).
- keine Darstellung der komplexen buddhistischen Lehre in den drei unterschiedlichen Hauptrichtungen (s. u.) sein – dies würde den Rahmen dieses Bandes sprengen, zudem gibt es hierzu reichlich Literatur in deutscher Sprache (vgl. etwa Hans Wolfgang Schumann, Handbuch Buddhismus. Die zentralen Lehren, München 2000).
- keine spirituellen Impulse oder Anregungen zur buddhistisch geprägten Meditation geben. Auch hier sind die in schriftlicher Form niedergelegten Anregungen zahlreich, doch kann man zur Meditation nur unter unmittelbarer Anleitung und kaum durch eine Schrift gelangen (Informationen dazu u. a. über die Deutsche Buddhistische Union [DBU, www.buddhismus-deutschland.de]).

Buddha in Bhumisparsamudra (Geste der Erdberührung), Bodhi-(Erleuchtungs-)Tempel, Bodh Gaya, Indien

Dieser Band möchte vielmehr

- eine *Topografie des Buddhismus* erschließen, einen Einblick geben in buddhistisch geprägte Länder – dies angesichts der Fülle buddhistischer Orte in Asien nur hinsichtlich der wichtigsten, die den Geist des frühen und/oder des heutigen Buddhismus atmen.
- teilhaben lassen an der *regionalen Vielfalt* des Buddhismus durch markante Bilder und informativen und verständlichen Text.
- im Sinne einer toleranten Offenheit auf bescheidene Weise zum *Dialog* beitragen zwischen westlichem und östlichem Denken, zwischen Religionen und Kulturen.

Der Buddhismus kennt – nur bedingt den christlichen oder muslimischen Konfessionen ähnlich – eine Vielzahl von Schulen, die unterschiedliche Akzente in ihrer Lehre und im religiösen Leben setzen. Drei große Richtungen des Buddhismus sind zu nennen:

- Der ursprüngliche Buddhismus findet sich heute im Wesentlichen im *Theravada-Buddhismus* (= »Lehre der Älteren«, ungenau auch *Hinayana* = »Kleiner Wagen«). Hier wird der Buddha als Wegweiser verstanden, seine Lehrreden als Orientierung (Vier edle Wahrheiten, Achtfacher Pfad). Zu finden ist der Theravada vor allem in Sri Lanka, Myanmar, Thailand, Laos und Kambodscha.
- Der *Mahayana-Buddhismus* (= »Großer Wagen«) bekennt sich zu vielen Buddhas, dazu zu Bodhisattvas (Mitleidswesen, die dem Menschen helfen). Nicht mehr allein aus eigener Kraft, sondern durch die Hilfe von quasi-göttlichen Wesen (Vertrauensbuddhismus) erfolgt die Erlösung aus dem Leidenskreislauf. Diese Form findet sich in frühen buddhistischen Kulturen (Indien wie Indonesien) und heute in China, Vietnam, Korea und Japan. In diesen Ländern ist auch der Meditationsbuddhismus (als Chan/Zen) beheimatet.
- Die dritte Form des Buddhismus, der *Vajrayana* (Vajra = »Donnerkeil, Blitzebündel«, ein esoterisches Ritualgerät) steht in Beziehung zum tantrischen Hinduismus Indiens, aber auch zu vorbuddhistischen schamanistischen Religionsformen (etwa Bön) und hat den Mahayana als Grundlage. Er findet sich vor allem im Großraum Tibet, in Ladhak und Zanskar, in Nepal und Bhutan.

Dieses Buch gliedert sich in Großregionen entsprechend der drei buddhistischen Richtungen und zeigt darin, nach einzelnen Ländern geordnet, wichtige buddhistische Orte auf. Dies sind zuerst die

Stellen, an denen der Buddha gewirkt hat, vor allem vier: Lumbini (Geburt), Bodh Gaya (Erleuchtung), Sarnath (erste Lehrrede) und Kushinagara (Eingang ins Paranirvana). Diese Orte liegen heute im Staat Indien bzw. unmittelbar an der Grenze auf nepalesischer Seite. Neben den *historischen* Orten des Wirkens des Buddha gibt es Stätten, denen der *Legende* nach der Buddha einen Besuch abgestattet haben soll (etwa Kelaniya in Sri Lanka) oder wo Reliquien des Buddha verehrt werden (etwa die Shwedagon-Pagode in Yangoon, Myanmar).

Auch in den Ländern des Mahayana und Vajrayana finden sich Orte von höchster spiritueller Bedeutung. Das mögen Orte an der Seidenstraße sein, über die der Buddhismus von Indien aus durch das Karakorum nach China und Ostasien gekommen ist, oder Orte, wo einflussreiche buddhistische Lehrer gewirkt haben (etwa das Kloster Tigernest in Bhutan). Das können aber auch Orte sein, die sich heute durch ihre herausragende Architektur oder künstlerische Ausstattung hervorheben (etwa Sanchi in Indien) oder die früher buddhistische Klöster waren (etwa die Höhlen von Ellora und Ajanta in Indien). Ebenso werden Tempel in den Großstädten aufgeführt (etwa der Jadebuddhatempel in Shanghai, China) oder abgelegene Klosteranlagen (etwa das Kloster [»sa«] Sinheung im Nationalpark Seoraksan, Korea). Das können heute nur noch archäologisch bedeutsame Bildungsstätten des Buddhismus sein (etwa die Universitäten in Nalanda, Indien, und Taxila, Pakistan) oder ein nagelneuer Tempel (etwa der Nanshansi [Südbergtempel] auf der Insel Hainan, China). Waldtempel (Aranyik) im thailändischen Kamphaeng Phet gehören ebenso dazu wie der beschauliche Zen-Tempel Ryoanji im japanischen Kyoto. Die religiöse Topografie des Buddhismus ist überaus vielgestaltig.

Lassen Sie sich also ein auf eine Reise in buddhistisch geprägte Länder, erkunden Sie die *Welt des Buddhismus*.

Hermann-Josef Frisch

Aus dem Leben des Buddha

Die »Welt des Buddhismus« beginnt bei der Gestalt des Buddha, bei seinem Wirken im Norden Indiens, dessen wichtigste Orte heute archäologisch erfasst und von buddhistischen Pilgern besucht werden. Der Wirkungskreis des Buddha ist regional eng begrenzt. Erst nach dem Tod des Buddha breitete sich seine Lehre, durch Wandermönche verkündet, in weiten Teilen Nordindiens aus, gelangte nach Sri Lanka und von dort nach Südostasien. Erst um die Zeitenwende kam der Buddhismus über die Seidenstraße nach China und noch später nach Korea und Japan.

Der Wirkungskreis des Buddha ist das sogenannte *Mittlere Land*, meist nördlich, nur ein wenig südlich des großen Stromes Ganges, des heiligen Flusses der Hindus, im Bereich der Großstädte Varanasi (Benares, Kashi) und Patna (Pataliputra). Seine Heimatstadt Kapilavastu und sein Geburtsort Lumbini liegen heute unmittelbar hinter der nepalesischen Grenze, alle anderen Orte aus dem Leben des Buddha finden sich in den indischen Bundesstaaten Uttar Pradesh und Bihar: Bodh Gaya (Uruvilva), Sarnath (Rishipatana), Shravasti, Rajagriha, Vaishali, Kushinagara.

Dies war das Gebiet der beiden Königreiche *Kosala* im Nordwesten mit Shravasti als Hauptstadt und *Magadha* südöstlich des Ganges mit Rajagriha (später Pataliputra) als Hauptstadt. Diese Königreiche gliederten sich zur Zeit des Buddha in kleine, halbunabhängige Fürstentümer, die vom Adel der Kshatriyas, der zweithöchsten Hindu-Kaste, beherrscht wurden. Siddhartha Gautama war der Sohn eines solchen Fürsten, der von Kapilavastu aus über ein kleines Gebiet mit vielleicht 5000 bis 10 000 Untertanen herrschte. Der Buddha ist also kein Königssohn, sondern stammt aus dem niederen Adel.

Die indischen Bundesstaaten Bihar und Uttar Pradesh sind arme, aber menschenreiche Regionen in Indien. Die Wirtschaft ist von Landwirtschaft in einfacher Produktionsweise geprägt. Seit der Zeit des Buddha hat sich in den Dörfern nicht viel verändert, nur Fernsehantennen sind hinzugekommen. Das Leben ist rückständig, die Alphabetisierungs- und Bildungsquote gegenüber anderen indischen Bundesstaaten gering. Wenn man Bihar bereist, kann man sich gut vorstellen, wie hier das Leben zur Zeit des Buddha aussah.

Eines allerdings hat sich grundlegend geändert: Im Jahrtausend vor der Zeitenwende (der Buddha lebte etwa im 6. oder 5. Jahrhundert v. Chr.) war die Landschaft im Mittleren Land von großen Wäldern geprägt. Zwischen den bewohnten Orten mussten der Buddha und seine Mönche große Strecken durch Waldgebiete zurücklegen, die aufgrund von wilden Tieren und Räubern gefährlich waren. Heute ist bedingt durch den Bevölkerungsdruck der Wald aus dem Mittleren Land fast ganz verschwunden. Überall liegen Dörfer mit kleinteiligen Feldern, die ihre Besitzer kaum ernähren können.

Im Gebiet des Mittleren Landes (ca. 600 x 300 km) wanderte der Buddha und mit und nach ihm seine Mönche. Das Gebiet ist westlich vom Kosambi bei Allahabad am Zusammenfluss von Ganges und Yamuna begrenzt, im Norden von den Vorbergen des Himalaya im Gebiet von Kapilavastu und Lumbini, im Osten von der Stadt Campa am Ganges, im Süden vom Ort der Erleuchtung Bodh Gaya. Neun Monate im Jahr zogen die Mönche missionierend durch das Mittlere Land und wandten sich dabei vor allem an die Bildungsschicht in den kleinen Städten. In dieser Schicht waren junge Männer am ehesten in der Lage, Mönche zu werden – für die Bauern in den Dörfern war dies kaum möglich. Die drei Monsunmonate machten eine Wanderung unmöglich – in dieser Zeit hielten sich die Mönche in gestifteten Hütten auf (etwa im Jetavana-Kloster in Sravasti).

Das Mittlere Land – seit der Zeit Buddhas hat sich wenig verändert

Kapilavastu – die Heimat

Als Heimatort des Siddhartha Gautama, in dem er bis zu seinem 28. Lebensjahr lebte und zu dem er später als Mönch wiederholt zurückkehrte, wird in den buddhistischen Schriften der Name *Kapilavastu* angegeben. Allerdings werden mit diesem Namen von indischen und nepalesischen Archäologen zwei unterschiedliche Orte jeweils auf dem Gebiet ihres Landes verbunden. Aus indischer Sicht liegt die Heimat des Buddha in der Nähe des modernen Dorfes Piprahva, ca. 15 km von der nepalesischen Grenze entfernt. Aus nepalesischer Sicht – und dies erscheint aufgrund der Befunde wahrscheinlicher – ist Kapilavastu neben dem heutigen Ort Tilaukarot anzusiedeln. Beide Orte werden auch mit Kapilavastu I (Tilaukarot) und Kapilavastu II (Piprahva) bezeichnet.

Für Tilaukarot sprechen frühe buddhistische Schriften. Hierin wird nämlich darauf verwiesen, dass der Heimatort des Buddha zwischen den Flüssen Bhagirathi (heute Banganga) und Rohini (heute Rowai) liegt. Dies trifft auf den nepalesischen Ort, nicht aber auf den indischen zu. Die unterschiedlichen Sichten werden wie folgt erklärt: Der ursprüngliche Ort ist das nepalesische Kapilavastu. Dieser Ort wurde aber drei Jahre vor dem Tod des Buddha vom Kosala-König Virudakha zerstört. Die Bewohner flüchteten und erbauten

Das Osttor in Kapilavastu – durch dieses Tor schritt der Buddha, als er Asket wurde

ca. 15 km südwestlich einen neuen Ort Kapilavastu (bei Piprahva). Dorthin wurde nach dem Tod des Buddha auch ein Teil seiner Asche gebracht. So finden sich in Kapilavastu II Ziegelsteinfundamente, die auf einen Fürstenpalast, auf buddhistische Klosteranlagen und einen Stupa hindeuten. Vielleicht war dies der Stupa mit der Asche des Buddha, um den herum sich später Mönche in Klöstern ansiedelten.

Kapilavastu I grenzt heute nicht mehr an den Fluss Bhagirathi, dessen Flussbett sich nach Westen verlagert hat. Um den Ort ist ein 2–3 m hoher Erdwall nachweisbar, der im Osten wie im Westen von einer aus Ziegelsteinen gemauerten Toranlage durchbrochen wird. Vom Osttor nimmt man an, dass Siddhartha Gautama nach seinem Entschluss, Asket zu werden, durch dieses Tor nach Osten in die »Hauslosigkeit« geschritten ist. Der Wall umschließt ein trapezförmiges Gebiet von ca. 400 x 400 m. Die Ortschaft liegt ca. 4 m erhöht über dem alten Flussbett und der umliegenden Landschaft.

Innerhalb des Ortes ist ein Steinfundament nachweisbar, das auf ein größeres Gebäude (einen Fürsten»palast«) hinweisen kann. Die einfachen Gebäude der Bauern waren aus Holz und anderen im Tropenklima leicht vergänglichen Materialien und haben die Zeiten nicht überdauert. Aber auch die Gebäudefundamente des Fürstenhauses sind nicht größer als die eines heutigen Einfamilienhauses. Doch hob sich dieses Gebäude durch Bauweise und Größe von den anderen Gebäuden des Ortes ab. Von den in den Buddhalegenden beschriebenen Palästen kann indes keine Rede sein.

Der Ort selber ist innerhalb des Walls geprägt von zwei heute ausgetrockneten Wasserbecken, die mit Monsunregenwasser bzw. über Schöpfräder mit Wasser aus dem Fluss gefüllt wurden. Das Gebiet um Kapilavastu ist eben und sehr fruchtbar. Bei ausreichend Wasserversorgung sind hier zwei Reisernten pro Jahr möglich. Aber auch andere Getreidearten und vielerlei Gemüse wachsen hier. Die Anbaufläche dürfte für die damals geringe Bevölkerungszahl (innerhalb Kapilavastus vielleicht 150–200 Familien mit ca. 1000 Personen, dazu außerhalb verschiedene Gehöfte, Gesamteinwohnerzahl des Fürstentums der Gautamas unter 10 000 Personen) bestens ausgereicht haben. Siddhartha Gautama wuchs nicht wie in den vielen Legenden zu seinem Leben dargestellt im Luxus eines Königssohnes, wohl aber im Wohlstand einer Adelsfamilie des Mittleren Landes auf.

Lumbini – die Geburt

Kapilavastu ist der Heimatort des Buddha, der Ort, in dem er groß wurde, seine Ausbildung als Kshatriya (Kriegeradel) erhielt, seine Frau Yashodara heiratete und in dem sein Sohn Rahula zur Welt kam. Von Kapilavastu aus ging Siddhartha Gautama, der Buddha, in die Hauslosigkeit und wurde Asket.

Doch Kapilavastu ist nicht der Geburtsort des Buddha, dies ist Lumbini. Dort befand sich zur Zeit des Buddha ein Waldgebiet mit hohen Salabäumen. Wie bei adligen Frauen üblich, wollte Maya, die Mutter des Buddha, ihr Kind nicht im heimischen Fürstenhaus ihres Mannes Shuddhodana Gautama zur Welt bringen, sondern in der vertrauten Umgebung ihres eigenen Elternhauses im Ort Devadaha, 25 km östlich von Kapilavastu. Hochschwanger begab sie sich auf die Reise zu ihren Eltern, doch die Geburt erfolgte früher. So mussten Maya und ihre Dienerinnen im Salawald Halt machen, die Geburt unter diesen Bedingungen schwächte Maya erheblich. Sie verstarb acht Tage nach ihrer Rückkehr nach Kapilavastu. Die zweite Ehefrau des Fürsten Shuddhodana, Prajapati, wurde Stiefmutter des Kindes.

Der Ort Lumbini hat erst unter dem zum Buddhismus konvertierten Maurya-Kaiser Ashoka (Regierungszeit 268–232 v. Chr.) an Bedeutung gewonnen, weil dieser nach seiner Bekehrung den Ort der Geburt des Buddha aufsuchte. Er ließ dort eine seiner steinernen Ediktsäulen errichten, um darauf den Grundzug buddhistischer Lehre zu verkünden. Solche Ashoka-Säulen sind über ganz Indien verstreut. In Sarnath, dem Ort der ersten Lehrrede des Buddha, findet sich auf der dortigen Säule ein Hinweis auf Lumbini: »Zwanzig Jahre nach seiner Krönung besuchte König Piyadasi (= Ashoka) diesen Ort und zeigte seine Verehrung, weil hier der Buddha, der Weise aus dem Geschlecht von Shakya, geboren worden war. Er ließ eine Säule errichten, weil der Buddha hier geboren wurde.« Die Ashoka-Säulen waren entweder von vier Löwen gekrönt (heute im Wappen Indiens enthalten) oder von einem Rad, das auf das »Rad der Lehre« (Dharmachakra) als buddhistisches Symbol hinweist.

In Lumbini ist die Ashoka-Säule heute der wichtigste archäologische Befund. Nach der Ashokazeit ist der Ort von Pilgern besucht worden, dann aber in Vergessenheit geraten und erst Ende des 19.

Jahrhunderts wieder entdeckt worden. Heute kommen viele Pilger nach Lumbini, weil dies einer der Hauptorte buddhistischer Frömmigkeit ist (neben Bodh Gaya, Sarnath und Kushinagara). Vor der Säule gibt es einen Teich mit einer gemauerten Einfassung. An dieser Stelle soll Maya ihr Kind zum ersten Mal gebadet haben. An die Mutter des Buddha erinnert ein im 20. Jahrhundert gebauter Maya-Tempel mit einem alten Steinrelief, das die Szene der Geburt wiedergibt: Maya hält sich an einem Salabaum fest, während das Kind aus ihrer Hüfte heraustritt – eine außergewöhnliche Geburt für einen außergewöhnlichen Menschen. Neben diesen Gebäuden gibt es Fundamente weiterer Bauten und einen Stupa.

Die Ashoka-Säule in Lumbini zusammen mit tibetischen Gebetsfahnen

Lumbini ist trotz oder gerade wegen seiner Abgeschiedenheit ein spirituell anregender Ort, zu dem zwar Pilgergruppen kommen, der aber ohne den Rummel anderer Pilgerorte (etwa in Varanasi oder Bodh Gaya) auskommt. Der Besuch dieses Ortes lohnt, weil hier das Leben des Buddha und damit in gewisser Weise auch der Buddhismus entstand. Lumbini hat für Buddhisten den gleichen Stellenwert wie Betlehem für Christen und Mathura für Krishna-Anhänger.

Die Lebenszeit des Buddha wird unterschiedlich angegeben: Die traditionelle Rechnung westlicher Forscher nennt 563–483 v. Chr. Die thailändische Zeitrechnung geht von 623–543 aus. Da es im alten Indien keine historisch gesicherten Listen der Könige gab und ihre Regierungszeit teilweise unsicher ist, ist auch eine Spätdatierung möglich: 460–380 v. Chr.

Bodh Gaya – die Erleuchtung

Zusammen mit Lumbini (Geburt), Sarnath (erste Predigt) und Kushinagara (Eingang ins Paranirvana) gehört Bodh Gaya zu den vier heiligen Orten des Buddhismus, die an die vier wichtigsten Ereignisse aus dem Leben des Buddha erinnern. Bodh Gaya ragt unter diesen vier Orten dadurch heraus, dass Siddhartha Gautama nach sieben Jahren Askese hier zur Erleuchtung gefunden hat. Hier gelangte er in nächtlicher Meditation zur Erkenntnis der vier edlen Wahrheiten und des achtfachen Pfades:

- Alles Leben ist Leiden.
- Alles Leid entsteht durch die Begierde.
- Das Leid kann nur durch das Sich-Lösen von der Begierde aufgelöst werden.
- Die Aufhebung des Leids geschieht durch den achtfachen Pfad – durch rechte Ansicht/Anschauung, rechten Entschluss/Gesinnung (Gruppe der Erkenntnis); rechtes Reden, rechtes Handeln/Verhalten, rechtes Leben/Lebensunterhalt (Gruppe der Sittlichkeit); rechtes Streben/Anstrengung, rechte Achtsamkeit, rechtes Sich-Versenken/Meditation.

Die Erkenntnis des Buddha an diesem Ort ist der Beginn der buddhistischen Lehre. Diese allerdings wurde zum ersten Mal in Sarnath

Zwei tibetische Mönche am Erleuchtungsplatz des Buddha, Mahabodhi-Tempel, Bodh Gaya

weitergegeben, wohin der Buddha nach wochenlanger Meditation in Bodh Gaya aufbrach.

Der Mahabodhi-(Erleuchtungs-) Tempel, Bodh Gaya

In Bodh Gaya wird heute vorrangig der Ort verehrt, wo der Buddha unter einem Baum meditierte – dies ist der Erleuchtungsort unter dem Bodhi-Baum (auch Bo-Baum, *bodhi* = Erleuchtung). Dieser Baum ist eine Feigenbaumart (*Ficus religiosa*), die durch ihre herzförmigen Blätter leicht zu erkennen ist. In vielen buddhistischen Tempeln in Asien findet sich dieser heilige Baum der Buddhisten. In Bodh Gaya ist es nicht mehr der ursprüngliche Baum der Buddhazeit, sondern ein Ableger eines Ablegers des Originalbaumes, der im 3. Jahrhundert v. Chr. nach Anuradhapura in Sri Lanka gebracht wurde. Ein reich geschmückter Thron markiert heute unter dem Baum den Ort der Erleuchtung.

Vor dem Bodhi-Baum ragt der 55 m hohe Mahabodhi-Tempel auf, der Tempel der großen Erleuchtung. Seine ältesten Teile gehen auf das erste nachchristliche Jahrhundert zurück (Sunga-Dynastie), der Turm selber auf die Gupta-Zeit Indiens (ca. 5.–6. Jahrhundert). Doch mit dem Rückgang des Buddhismus in Indien zerfiel der Tempel zusehends, erst gegen Ende des 19. Jahrhunderts wurde er von Buddhisten aus Sri Lanka restauriert. In der Cella im Inneren gibt es eine goldene Statue des Buddha.

Erst in der Mitte des 20. Jahrhunderts hat Bodh Gaya als buddhistischer Pilgerort an Bedeutung gewonnen. Mönche aus Sri Lanka, Thailand, Japan, Taiwan, Korea, Bhutan und Tibet haben im Umkreis des Mahabodhi eigene Tempel und Klöster in ihren ländertypischen Stilen errichtet. In diesen Klöstern gibt es auch Herbergen für die vielen buddhistischen Pilger, die nach Bodh Gaya kommen.

Sarnath – die erste Predigt

Nach seiner Erleuchtung in Bodh Gaya wanderte der Buddha ca. 150 km durch das Mittlere Land und kam über Varanasi zum Ort Sarnath. In der großen hinduistischen Pilgerstadt Varanasi (Benares, Kashi) hielt sich der Buddha bei seinen Wanderungen jeweils nur kurz auf, weil er den Opferbetrieb der Brahmanen und die auf Äußerlichkeiten gerichtete Frömmigkeit ablehnte.

Etwa 12 km nördlich von Varanasi aber lag der Rishipatana (in Pali: Isipatana), der Wald der Weisen, heute Sarnath. In der Stille des Waldes traf der Buddha auf fünf Asketen, die er bereits aus seiner früheren Asketenzeit kannte. Ihnen trug er seine vier edlen Wahrheiten und den achtfachen Pfad vor – und diese erkannten die buddhistische Lehre an und nahmen ihre »Zuflucht« beim Buddha und seiner Lehre. Diese fünf Asketen sind der Beginn des buddhistischen Mönchsordens, der zusammen mit Laienanhängern die buddhistische Gemeinschaft (Sangha) ausmacht. Nun gab es bei einer Bekehrung zum Buddhismus die Zufluchtsformel:

Thai-Mönch in Sarnath

- Zum *Erwachten* (Buddha) gehe ich als meiner Zuflucht.
- Zur *Lehre* (Dharma) gehe ich als meiner Zuflucht.
- Zur *Gemeinde* (Sangha) gehe ich als meiner Zuflucht.

Sarnath wird als Ort der ersten Predigt oder Lehrrede des Buddha angesehen und entsprechend von buddhistischen Pilgern besucht. Es gibt auch einen neuen Tempel, der dem in Bodh Gaya nachgebildet ist; doch anders als dort ist Sarnath ein ruhiger Ort geblieben.

Unter den archäologischen Stätten dieses heiligen Ortes der

Buddhisten fällt der etwa 33 m hohe kreisrunde Damekh-Stupa auf. Seine Ursprünge stammen aus der Zeit des zum Buddhismus konvertierten Kaisers Ashoka (3. Jahrhundert v. Chr.), der dort über Reliquien des Buddha einen kleinen Ziegelstupa errichtete. Dieser wurde mehrfach erhöht, bis sich in der Gupta-Zeit (5.–6. Jahrhundert) seine heutige Form ergab. Sein Name ist entsprechend einer Inschrift von »Dharmacakra« abgeleitet, dem »Rad der buddhistischen Lehre«, das sich an dieser Stelle zu drehen begonnen hat – der Buddhismus als Religion hat an diesem Ort seinen Ursprung.

Vom Wald der Weisen ist heute nichts mehr zu sehen, wohl aber finden sich viele Fundamente, die auf den ehemaligen Haupttempel und auf später um ihn errichtete buddhistische Klöster zurückgehen. Archäologen haben vier Hauptklöster (Kloster I–IV) untersucht, aber es kommen weitere Grundmauern anderer Gebäude hinzu, vor allem die des ehemaligen Haupttempels. Auch lassen sich die Fundamente eines weiteren Stupas ausmachen, des Dharmarajika-Stupa, der ebenfalls aus der Ashoka-Zeit stammt und die buddhistische Lehre (Dharma) als Raja, König, benennt. Erhalten hat sich in Sarnath wie in Lumbini eine Ashoka-Säule, anders als in Lumbini sogar mit dem ursprünglichen Löwenkapitell: Vier Löwen, in die vier Himmelsrichtungen ausgerichtet, sitzen über einem 24-speichigen Rad – Symbol des »Löwenrufes« des Buddha, der von diesem Ort erschallte. Dieses Kapitell ist heute im Museum zu Sarnath zu finden.

Archäologische Stätte Sarnath: Im Vordergrund sind die Fundamente des Haupttempels zu sehen, dahinter der Dhamekh-Stupa und in der Ferne ein neuer Tempel

Rajagriha – Predigten auf dem Geiergipfel

Nach der Erleuchtung in Bodh Gaya und der ersten Lehrrede in Sarnath wanderte der Buddha mit seiner ständig wachsenden Mönchsgemeinde insgesamt 45 Jahre durch das Mittlere Land. Nur in der Regenzeit blieb man in festen Hütten und später auch in gestifteten und aus Stein erbauten Klöstern, weil eine Wanderung auf den verschlammten Wegen in den drei Monsunmonaten unmöglich war. Dabei hatte der Buddha einige Lieblingsorte, zu denen er immer wieder zurückkehrte – Rajagriha gehörte dazu.

Er hatte in Rajagriha nämlich den Magadha-König Bimbisara zum Buddhismus bekehrt und stand ihm in der Folge beratend zur Seite. Der König zeigte sich erkenntlich und stiftete dem Buddha vor dem nördlichen Stadttor einen kleinen Bambuswald, der Kalandakanivapa, Eichhörnchen-Futterplatz, genannt wurde. Hier verbrachten der Buddha und seine Mönche viel Zeit. Von dort aus gingen sie morgens mit ihren Bettelschalen in die damals reiche und belebte Stadt, um schweigend Nahrung zu sammeln.

Einen anderen Platz innerhalb der Stadtmauern liebte der Buddha besonders: Vom Geiergipfel konnte man auf die im Talkessel liegende Stadt und auf die Rajagriha weit umgebenden Berge blicken. Sie waren von einer Festungsmauer gekrönt, von der heute noch Teile

Der Geiergipfel in Rajagriha – Ort der Lehrrede des Buddha

vorhanden sind und die wegen ihrer großen Steine Zyklopenmauer genannt wird. In der Mitte der Stadt lag der Königspalast Bimbisaras, Fundamentreste künden heute von seiner Ausdehnung. Vor der Stadt liegen heiße Quellen, in denen bereits der Buddha im Alter Linderung seiner Rückenschmerzen suchte.

König Bimbisaras Schicksal endete tragisch: Sein brutaler Sohn Ajatashatru übernahm nach einem Putsch die Herrschaft und ließ seinen Vater im Gefängnis verhungern. Er verfolgte eine gnadenlose Machtpolitik und eroberte weite Gebiete des Mittleren Landes. Nachdem er die Hauptstadt seines Reiches nach Patna verlegte hatte, zerfiel die Stadt Rajagriha, sie ist heute nur noch spärlich bewohnt.

Der Geierberg mit der Plattform des Geiergipfels aber ist Buddhisten heute wichtig, weil der Buddha hier viele Lehrreden hielt; der Ort ist eng mit der Entwicklung der buddhistischen Lehre verknüpft. In Rajagriha regte sich innerhalb der Sangha, der Mönchsgemeinschaft, Widerstand gegen den Buddha: Sein Vetter Devadatta wollte die Herrschaft über den Orden antreten, verband sich mit Ajatashatru und verübte am Geiergipfel einen Anschlag auf den Buddha, der diesen aber nur leicht verletzte.

Die Plattform des Geiergipfels ist gut erhalten. Ein wenig oberhalb steht heute eine der Weltfriedenspagoden, die von Japanern nach der Katastrophe von Hiroshima und Nagasaki überall in Asien gebaut wurden. Vor der Stadt liegen die Saptaparni-Höhlen (vgl. Seite 32).

Zur Zeit des Buddha gab es im Mittleren Land zwei Königreiche, denen die kleinen Fürstentümer (wie das von Kapilavastu) untergeordnet waren. Das Reich Kosala lag nördlich des Ganges im Vorland des Himalaya, seine Hauptstadt war Shravasti (in Pali: Savatthi). Zu diesem Reich gehörte auch die Heimat des Buddha. Südlich des Ganges und südöstlich von Varanasi lag das Königreich Magadha, dessen Hauptstadt zuerst das in den Bergen gut geschützte Rajagriha (in Pali: Rajagaha, heute Rajgir) war. König Ajatashatru verlegte noch in der Lebenszeit des Buddha seine Hauptstadt nach Pataliputra (heute Patna) am Ganges. Er und seine Nachfolger dehnten das Reich später auch nach Norden aus – Kosala ging im 5. Jahrhundert v. Chr. in Magadha auf.

Shravasti – Jetavana-Kloster

In Rajagriha hatte der Buddha einen reichen Kaufmann bekehrt, der aus der Königsstadt Shravasti stammte: Anathapindada. Er sagte dem Buddha zu, dass er für die Unterkunft und die Verköstigung der Mönche in seiner Heimatstadt sorgen würde. So kam der Buddha mit einer größeren Gruppe von Mönchen auch in den Nordosten des Mittleren Landes, nach Shravasti.

Dort hatte Anathapindada vom Prinzen Jeta ein Waldstück vor den Toren der Stadt gekauft – für viel Geld, der Legende nach musste der ganze Boden des Flurstücks mit Geldmünzen bedeckt werden. Ähnlich wie der Eichhörnchenwald in Rajagriha sollte dieser Wald den Mönchen als ruhiger Ort außerhalb der Betriebsamkeit der Stadt dienen. Er wurde nach seinem ursprünglichen Besitzer Jetavana genannt, Wald des Jeta. Diesen Wald schenkte Anathapindada nun dem Buddha und seiner Mönchsgemeinde.

Heute findet man im Jetavana (auch als Hain des Anathapindada bezeichnet) weit ausgedehnte Fundamente von Klosteranlagen, die allerdings ebenso wenig wie der Haupttempel Gandhakuti mit dem goldenen Stupa aus der Zeit des Buddha selbst stammen. Spätere Generationen von buddhistischen Mönchen und auch Laienpilgern haben diesen Ort mit Tempeln, Klöstern und Herbergen bebaut, um

Jetavana-Kloster in Shravasti

an einem Ort zu leben, an dem der Buddha selbst anwesend war. Der Buddha wird vor allem durch den kleinen Stupa verehrt, der mit Gold und Blumen geschmückt ist. In diesem kleinen Stupa sind allerdings anders als sonst keine Reliquien des Buddha oder als Reliquienschatz buddhistische Schriften zu finden; vielmehr repräsentiert der Stupa hier den Weltenberg Meru, die kosmische Achse zwischen Himmel und Erde, die sowohl im Hinduismus wie im Buddhismus eine Rolle spielt (vgl. den heiligen Berg Kailash im Westhimalaya, Seite 176f.).

Vergoldeter Stupa im Gandhakuti-Tempel, dem Haupttempel im Jetavana-Kloster, Shravasti

Die Stadt Shravasti war mit einem 5 km langen und bis zu 6 m hohen Lehmwall umgeben, der weitgehend erhalten ist. Die ehemaligen Stadttore waren – ähnlich der Anlage in Kapilavastu – aus Stein gebaut. Auch sie sind heute deutlich zu erkennen. Innerhalb des Stadtwalls finden sich Überreste des Palastes von König Prasenajit, der zur Zeit des Buddha herrschte und von ihm zum Buddhismus bekehrt wurde. Dies war für die Entwicklung des Buddhismus von hoher Bedeutung, weil sich nun der Buddhismus über das Reich Maghada auch nach Kosala ausbreitete – das Mittlere Land mit den beiden Königreichen wurde zur Keimzelle des Buddhismus in Indien und darüber hinaus.

Shravasti ist heute unbewohnt und eine rein archäologische Stätte. Es gibt neben kleineren Fundamentresten einen größtenteils zerfallenen Stupa. Er wird Angulimala-Stupa genannt nach einem gefürchteten Räuber, den der Buddha bekehrte und der später Mönch wurde. Außerdem finden sich östlich der Stadtmauer Fundamente, die an ein weiteres Kloster erinnern: das Ostwald-Kloster (Pubbarama), gestiftet von der buddhistischen Frau Visakha.

Vaishali – erstes Frauenkloster

Vaishali war die Hauptstadt eines kleinen Fürstentums – vergleichbar mit Kapilavastu. Die Stadtkurtisane Ambapali hatte nach ihrer Konversion zum Buddhismus dem Buddha einen Hain vor dem Stadttor geschenkt, in dem ein Kloster für die Mönche errichtet wurde. Hier verbrachte der Buddha auch seine letzte Regenzeit vor seinem Eingang ins Paranirvana.

Doch Vaishali ist vor allem von Bedeutung, weil hier der Frauenorden des Buddhismus gegründet wurde. Der Buddha wollte zuerst keine Frauen in seinem Orden aufnehmen, weil er die Ordenszucht, damit aber auch die Verbreitung der Lehre durch Frauen in Gefahr sah. Doch nachdem sein Vater Shuddhodana Gautama gestorben

war, kam dessen Witwe Prajapati, die Stiefmutter des Buddha, zu ihm nach Vaishali und bat zusammen mit ihren Dienerinnen eindringlich um Aufnahme in den Orden. Zuerst widersprach der Buddha, dann – auf Vermittlung seines Vetters, des Mönchs Ananda – gab er nach und stimmte einem Frauenorden zu. Allerdings hatten die Frauen außer den für Männer gültigen Ordensregeln weitere Verpflichtungen zu übernehmen, etwa die Unterordnung unter einen Mönch und die Unterrichtung durch Mönche. Heute gibt es nur in Teilen des Buddhismus einen Frauenorden.

In Vaishali erinnern an dieses Ereignis ein Stupa und die Grundmauern eines Klosters. Außerdem gibt es – wie auch an anderen wichtigen buddhistischen Orten in Indien – eine Ashoka-Säule; ihr Löwenkapitell mit einem Löwen (statt vier Löwen wie in Sarnath) ist gut erhalten und überragt das Gelände.

Stupa, Fundamente eines Klosters und Ashoka-Säule mit Löwenkapitell in Vaishali

Kushinagara – Eingang ins Paranirvana

Bereits in Vaishali war der 80-jährige Buddha schwer erkrankt. Er machte sich, den nahen Tod vor Augen, bei Beginn der Regenzeit auf den Weg nach Shravasti, wo er im Jetavana-Kloster das Ende seines Lebens erwarten wollte. Doch im Dorf Pava erhielt er eine verdorbene Mahlzeit, die ihn zusätzlich schwächte. So schleppte er sich weiter bis zu einem Wald von Salabäumen bei der Stadt Kushinagara. Dort starb er – buddhistisch bedeutet dies den endgültigen Eingang in das Nirvana (Paranirvana, von sanskritisch *nir* = aus, *va* = wehen, verwehen, auslöschen wie die Flamme einer Kerze erlischt).

Die Einwohner Kushinagaras aus dem Malla-Stamm bereiteten die Verbrennung des Buddha vor und sammelten dann auch seine Asche in einem Urnengefäß, die sie am Ort des Erlöschens beisetzten. Doch bald kamen Abgesandte aus verschiedenen Fürstentümern und forderten einen Anteil an den kostbaren Reliquien des Buddha. Der Brahmane Drona erwarb sich als Vermittler zwischen den Stämmen dadurch Verdienste, dass er die Asche mit Knochenresten und Zähnen des Buddha in acht Teile aufteilte. Dies ist der Ursprung vieler über ganz Asien verstreuter Legenden, wie einzelne Reliquien des Buddha zu ihren heutigen Verehrungsorten gefunden haben (etwa ein Zahn des Buddha in Kandy, Sri Lanka, oder Haare des Buddha in der Shwedagon-Pagode in Yangoon, Myanmar).

Kushinagara zählt mit Lumbini, Bodh Gaya und Sarnath zu den vier heiligen Orten aus dem Leben des Buddha, die von den buddhistischen Pilgern aus ganz Asien besucht werden.

Paranirvana-Tempel und Erinnerungsstupa in Kushinagara

Die Erinnerung an das Lebensende des Buddha wird in Kushinagara durch verschiedene Bauwerke in Erinnerung gehalten. Allerdings gehen die ältesten bis heute erhaltenen Bauwerke nur bis in die Sunga-Zeit (um die Zeitenwende) zurück. Am Sterbeort des Buddha gibt es einen 1956 gebauten Tempel mit Tonnendach, der allerdings ältere Tempel ersetzt. Darin befindet sich eine über 6 m große Steinfigur des liegenden (sterbenden) Buddha, die aus der Gupta-Zeit (5.–6. Jahrhundert) stammt. Sie wird von den Pilgern reich mit Blumen geschmückt.

Davor erblickt man den Erinnerungsstupa. Dieser war ursprünglich ein kleiner Ziegelsteinstupa, der aber zusammen mit dem Neubau des Tempels von einem großen, weißen Stupa überbaut wurde. Reste eines zweiten kleinen Ziegelsteinstupas liegen davor. Eine Ashoka-Säule, von der alte Pilgerberichte erzählen, ist dagegen verschwunden. Um diese doppelte Erinnerungsstätte von Tempel und Stupa sind wieder – wie in den Zeiten des Buddhas – Salabäume gepflanzt.

Etwa 1,5 km von dem Paranirvana-Tempel entfernt liegt ein weiterer, bei 35 m Durchmesser heute nur noch ca. 8 m hoher Stupa. Dieser erinnert an die Kremation des Buddha und wird Angara-Stupa (Holzkohlenstupa) genannt. Außerdem gibt es in dem Gebiet von Kushinagara die Fundamenreste von insgesamt acht, teilweise großen Klosteranlagen. Sie deuten darauf hin, dass dieser Ort bis zum Untergang des Buddhismus in Indien durch die muslimische Invasion im 11.–12. Jahrhundert von hoher Bedeutung für die buddhistische Sangha gewesen ist.

Buddha geht ins Paranirvana ein, Paranirvana-Tempel, Kushinagara

Die Länder des Theravada

Der *Theravada*-Buddhismus in Sri Lanka und Südostasien (Myanmar, Thailand, Laos, Kambodscha) steht der ursprünglichen Lehre des Buddha nahe, entwickelte aber im Laufe der Jahrhunderte auch eigene Lehrakzente. Buddha wird im Theravada als Mensch gesehen, der zwar auf viele »Vorgeburten« zurückblicken kann, von denen in den 547 Jataka-Geschichten (= Geburtsgeschichten) erzählt wird. Doch kann er in seiner Wiedergeburt als Siddhartha Gautama aus eigener Kraft (durch eigene Meditation) und ohne die Hilfe hinduistisch-brahmanischer Rituale oder durch die Hilfe irgendwelcher anderer Buddhas, Bodhisattvas oder Götter zur Erleuchtung gelangen. Der Theravada wird deshalb der »Affenweg« genannt, weil sich ein Affenbaby aus eigener Kraft an der Mutter festhält, wenn diese den Ort wechselt – es geht um Erleuchtung durch eigene Anstrengung.

Der Theravada wird vom Mahayana (Großer Wagen, vgl. Seite 96) eher abschätzig als *Hinayana* (= Kleiner Wagen) bezeichnet, weil hier auf dem »Floß der Lehre« jeweils nur *ein* Mensch aus eigener Kraft an das jenseitige Ufer des Nirvana gelangen kann. Erleuchtung kann im Theravada nur der Mönch erlangen, alle anderen müssen sich zuerst um bessere Wiedergeburten bemühen (dazu ist besseres Karma durch gute Taten zu sammeln). Der Buddha vergleicht die »Selbsterlösung« allein aus eigener Kraft mit einem Küken, das nicht von der Henne aus dem Ei befreit wird, sondern aus eigener Kraft die Schale seines Eis aufpicken muss.

Soweit die »theoretische« Sicht des Theravada. In der Volksreligiosität der Theravada-Länder in Sri Lanka und Südostasien ergibt sich ein anderes Bild. In den Tempeln wird der Buddha, dargestellt in vielen Statuen, durch Räucherstäbchen, Blumen und Früchte wie ein Gott verehrt. Man ruft im Gebet vertrauensvoll den Buddha um Hilfe in verschiedenen Lebenslagen an, man schmückt die Buddhafiguren oft mit purem Gold. Allerdings wird im Theravada nur ein Buddha verehrt, weil in einer Weltzeit jeweils nur ein Buddha auftritt (in früheren Weltzeitaltern gab es fünf Vorläufer-Buddhas). Im Mahayana dagegen gibt es ein ganzes System von Buddhas und Bodhisattvas (Mitleidswesen, die ins Nirvana eingehen könnten, dies aber nicht tun, um den Menschen zu helfen).

Buddha im Wat Sra Sri, Sukothai, Thailand

Indien/Pakistan

Nordindien, das Mittlere Land, ist das Ursprungsgebiet des Buddhismus. Neben den bedeutenden Orten aus dem Leben des Buddha entstand in diesem Gebiet mit der Universität in Nalanda ein wichtiges Zentrum buddhistischer Spiritualität und Gelehrsamkeit. Der Buddhismus wurde vor allem ab dem 3. Jahrhundert v. Chr. (Kaiser Ashoka) über weite Teile Indiens verbreitet, über ein Gebiet, das damals auch das heutige Pakistan mit dem Fluss Indus einschloss – dort lag die buddhistische Universität Taxila. Auch drang die buddhistische Lehre nach Süden vor, der große Stupa von Sanchi kündet ebenso davon wie die alten Höhlenklöster von Ajanta und Ellora und weitere Höhlenklöster auf dem Dekkan-Plateau (östlich von Mumbai). Formen des Theravada-Buddhismus waren am Anfang in Indien vorherrschend, später wurde der Mahayana prägend; doch stellen wir Orte wie Nalanda unter dem Theravada vor.

Rajagriha – Konzil in den Saptaparni-Höhlen

Unmittelbar nach dem Eingang des Buddhas in das Paranirvana rief der schon zu Lebzeiten des Buddha bedeutende Mönch Mahakassyapa (»großer« Kassyapa) 500 Mönche stellvertretend für die ganze Mönchsgemeinschaft zu einem ersten buddhistischen Konzil zusammen: »Lasset uns, Ehrwürdige, die Lehre und die Ordensregeln gemeinsam aufsagen, bevor Irrlehren entstehen und die Lehre vergeht.« Dieses Konzil fand in den Saptaparni-Höhlen bei Rajagriha statt. In sieben Monaten wurden die Lehrreden des Buddha und die 227 Gebote der Ordensregeln vorgetragen. Hierbei tat sich besonders der Vetter und Diener des Buddha, Ananda, hervor. Wenn niemand Einspruch erhob, wurden die Texte so lange aufgesagt, bis sie jeder auswendig konnte – der Beginn einer mündlichen Traditionskette mit hoher Überlieferungstreue war gelegt.

Die insgesamt vier Saptaparni-Höhlen kann man heute unmittelbar vor Rajagriha oberhalb der warmen Quellen besichtigen. Es ist allerdings fraglich, ob die nur etwa 10 m in den Fels hineinragenden

Die Saptaparni-Höhlen bei Rajagriha – Ort des ersten buddhistischen Konzils

Höhlen wirklich die in den alten Berichten erwähnten 500 Mönche aufnehmen konnten. Vielleicht wurde der Platz vor den Höhlen genutzt, vielleicht ist die Zahl 500 wie in vielen religiösen Berichten eine symbolische Zahl, die stellvertretend für alle steht.

Mit dem Konzil von Rajagriha entstand eine Tradition buddhistischer Konzilien, die bis in die Neuzeit reicht. Allerdings werden solche Konzilien entsprechend regionaler Unterschiede verschieden gezählt. Auch beziehen sie sich allein auf den Theravada; Mahayana und Vajrayana kennen zwar große Mönchsversammlungen, die strittige Fragen klären, diese werden allerdings nicht als Konzilien bezeichnet. Meist werden sieben Konzilien genannt: (1) Rajagriha); (2) Vaishali (100 Jahre nach dem Tod des Buddha, erste Trennung von Theravada und Mahayana, allerdings noch unter anderen Namen); (3) Pataliputra (heute Patna, 268 v. Chr. in der Ashoka-Zeit); (4) Aluvihara, Sri Lanka (ca. 70 v. Chr., erste schriftliche Festlegung des Tripitaka, der Lehrreden des Buddha und der Ordensregeln); (5) Bangkok, Wat Mahathat (1788, Revision des Tripitaka und Übersetzung ins Thai); (6) Mandalay, Myanmar (1871, Revision des buddhistischen Kanons); (7) Yangoon, Myanmar (1954, anlässlich der 2500-Jahr-Feier des Paranirvana des Buddha).

Nalanda – buddhistische Universität

Etwa 15 km nördlich von Rajagriha im indischen Bundesstaat Bihar liegt der Ort Nalanda, heute ist er nur noch archäologische Stätte. Doch zusammen mit Taxila (vgl. Seite 36f.) in Pakistan war Nalanda zur Blütezeit des Buddhismus in Indien die größte buddhistische Universität. Im Leben des Buddha hat dieser Ort keine große Rolle gespielt, obwohl er bei seinen Wanderungen hier wiederholt Rast gemacht hatte. Doch war der Ort die Heimat des bedeutenden Mönchs Shariputra (zusammen mit Maudgalyayana, Mahakassyapa und Ananda wichtigster Jünger des Buddha), der sich durch seine hohe Intelligenz auszeichnete. So wundert es nicht, dass in seinem Geburtsort die bedeutendste Bildungsstätte des Buddhismus entstand.

Ursprünglich und in der Ashoka-Zeit (3. Jahrhundert v. Chr.) stand hier nur ein großes buddhistisches Kloster. Doch die Entwicklung der buddhistischen Klöster führte zu besonderen Ausbildungsstätten, zu Mönchsschulen und schließlich zu Mönchsuniversitäten. Im Goldenen Zeitalter der Gupta-Dynastie (320–550 n. Chr.) wurde Nalanda durch weitere sechs Klosterbauten, sieben Tempel und Lehrgebäude zu einer riesigen Universität ausgebaut, an der in der Blütezeit 1000 Mönche (Professoren) lehrten und über 10 000 Stu-

Klosterzellen und Stupika, Nalanda

denten studierten – das größte Lehrzentrum der damaligen Welt. Neun Millionen Handschriften soll die Bibliothek umfasst haben.

Der chinesische buddhistische Mönch Faxian bereiste zwischen 399 und 412 n. Chr. den Norden Indiens, um buddhistische Texte zu sammeln und zur Übersetzung nach China zu bringen. Er hielt sich längere Zeit in Nalanda auf und berichtet davon in seinem »Reisebericht von den buddhistischen Königreichen«.

Meditierender Buddha am Haupttempel von Nalanda

Doch die Gupta-Zeit brachte auch eine Neubesinnung auf den Hinduismus, der in den folgenden Herrscherdynastien erstarkte. Der endgültige Untergang Nalandas erfolgte aber erst im Zuge der muslimischen Eroberung Nordindiens im 12. Jahrhundert.

Heute ist Nalanda eine große Ruinenstadt. Am Haupttempel sind sowohl Buddhafiguren der Theravada-Tradition erhalten geblieben (die Buddhas der Weltzeitalter, etwa Dipankara) wie auch schöne Bodhisattva-Statuen in stehender oder schreitender Haltung, die der Mahayana-Tradition zugeordnet werden. Beide Traditionen waren in Nalanda vertreten und tauschten ihre unterschiedlichen Sichten der buddhistischen Lehre miteinander aus – konfessionelle Kriege und Streitigkeiten wie im Christentum oder im Islam (Sunna und Schia) gab und gibt es im Buddhismus nicht.

An religiösen Bauten existieren neben dem Haupttempel und weiteren kleinen Tempelgebäuden eine Fülle von Stupas und Stupikas (kleinen Stupas). Doch vor allem fallen die weit ausgedehnten Klosteranlagen auf, die deutlich den Unterschied zwischen den kleinen Klosterzellen für einzelne Mönche und größeren Hallen für Lehrveranstaltungen, aber auch für die Mahlzeiten sichtbar werden lassen. Das weite Gelände, Mauern mit Statuen und Reliefs sowie kleine Stupas lassen die Bedeutung Nalandas für den Buddhismus erahnen.

Taxila – Universität und Kunstzentrum

Nach Nalanda war Taxila der wichtigste Bildungsort des Buddhismus. Die vier aus unterschiedlichen Zeiten stammenden Stadtanlagen von Taxila (griechischer Name, in Sanskrit: Takshashila) liegen heute auf pakistanischem Gebiet, etwa 35 km nordwestlich von Islamabad. Taxila lag am Schnittpunkt der wichtigsten Handelswege Asiens: Von Indien ging der Weg zum einen nach Europa, zum anderen durch die Karakorumschlucht, über den Pamir und nördlich oder südlich der Taklamakan-Wüste nach China (indischer Teil der Seidenstraße). Auf diesem Weg gelangte der Buddhismus um die Zeitenwende auch nach China und weiter bis Korea und Japan. Entsprechend wichtig war die Klosteruniversität Taxila für den Austausch zwischen dem indischen und chinesischen Buddhismus.

Taxila war in einem Zeitraum von tausend Jahren für unterschiedliche Reiche von höchster Bedeutung: Ab dem 6. Jahrhundert v. Chr. war hier die Hauptstadt des Gandhara-Reiches, das zum Einflussbereich des achämenidischen Perserreiches gehörte. 326 v. Chr. eroberte Alexander der Große die Stadt, doch stand sie nur wenige Jahre unter griechischer Herrschaft, bis um 300 v. Chr. die indische Mauriya-Dynastie das Gebiet übernahm, ihr größter Herrscher wurde Ashoka. Dieser ließ in Taxila den Dharmarajika-Stupa errichten

Jaulian-Kloster, Taxila, Pakistan

(ähnlich in Sarnath, vgl. Seite 21), den ältesten Stupa in Taxila (Dharmaraja = die buddhistische Lehre [Dharma] ist König [Raja]).

Im Jahr 185 v. Chr. übernahmen wieder Griechen die Herrschaft über Taxila: Die griechischen Baktrier gründeten eine zweite Stadt unmittelbar neben der Gandhara-Hauptstadt und nannten sie Sirkap. Den Baktriern folgten die Saken-Skythen, die Parther und ab 78 n. Chr. die Kuschanen. In den folgenden drei Jahrhunderten wurde Taxila zum buddhistischen Bildungszentrum ausgebaut, die meisten archäologischen Stätten des Ortes stammen aus dieser Zeit. Auch der chinesische Pilgermönch Faxian (vgl. Seite 35) besuchte auf seiner Indienreise den Ort, als er durch die Karakorumschlucht nach Süden kam. Die Zeit des Kuschan-Reiches war auch die Blütezeit der buddhistischen Kunst mit der Entwicklung des Buddhabildnisses, die von indischen Künstlern des zentralindischen Mathura übernommen wurde. Im Jahr 455 wurde die Stadt durch die Hephthaliten, die »Weißen Hunnen«, vollständig zerstört.

In Taxila sind heute die Überreste der verschiedenen Städte gut zu erkennen. Dabei sind nur wenige Fundamente der ältesten Stadt Bhir Mound freigelegt, im Gebiet der baktrischen Stadt Sirkap kann man jedoch einige Klosteranlagen, teilweise auch mit Reliefs von Buddhabildern, besichtigen. Auch das große Kloster Jaulian liegt in diesem Gebiet. Die Stadt der Kuschan-Zeit ist dagegen ebenfalls kaum erforscht und bietet nur wenige Hinweise auf das alte Reich.

Die Entwicklung des Buddhabildes: In den ersten Jahrhunderten nach seinem Tod wurde der Buddha in den Steinmetzarbeiten der Tempel nur anikonisch durch Symbole dargestellt: durch eine Lotosblüte, einen (leeren) Thron, einen Bodhi-Baum, einen Fußabdruck ... In Taxila aber arbeiteten aufgrund der Eroberung durch Alexander den Großen griechisch-hellenistische Künstler, die mit Darstellungen der griechischen Götter vertraut waren. Dies übertrugen sie nun auf die ersten Buddhabildnisse, die den Buddha meist mit einem Schnurbart und mit Locken wie bei griechischen Göttern zeigten. Von Taxila aus gelangte das Buddhabild nach Osten in die Gangesebene (Nalanda) und nach Norden über den indischen Teil der Seidenstraße nach China – immer angepasst an die regionale Kunst.

Sanchi – der Große Stupa

Der kleine Ort Sanchi liegt abgelegen ca. 45 km östlich der großen Industriestadt Bhopal. Er hat keinerlei geschichtliche oder wirtschaftliche Bedeutung. Auch steht der Ort in keinerlei Beziehung zum Leben des Buddha – der Buddha hat diesen Ort weit südlich des Ganges nie erreicht. Doch birgt das Dorf Sanchi auf einer Anhöhe einen buddhistischen Schatz, der auch als Weltkulturerbe anerkannt ist: die buddhistischen Stupas von Sanchi. Sie sind die ältesten aus Steinen gebauten Stupas, die erhalten geblieben sind.

Der Ort gewann deshalb an Bedeutung für den Buddhismus, weil Kaiser Ashoka eine Frau aus einem Nachbarort heiratete. Danach ließ er auf der nächsten Anhöhe – Sanchi – eine seiner Ashoka-Säulen aufstellen, auf der er die buddhistischen Grundsätze der Gewaltfreiheit als Maxime für sein Reich verkündete. Zudem ließ er einen steinernen Stupa errichten, um darin Reliquien des Buddha zu bergen. Dieser war allerdings viel kleiner als der heute sichtbare Stupa 1; der Ashoka-Stupa wurde vielfach überbaut und vergrößert.

Die halbkugelförmigen Stupas sind aus den Grabhügeln entstanden, in die man die Knochenreste legte, die bei der Verbrennung des Buddha übriggeblieben waren (vgl. Seite 28f. zu Kushinagara).

Stupa 3
und Torana (Tor),
Sanchi

Dabei hatte der so entstehende künstliche Berg eine symbolisch-mythologische Bedeutung: Er war der Weltenberg Meru, die Weltenachse zwischen Himmel und Erde, zwischen Diesseits und Jenseits. Zugleich repräsentierte der Stupa als Weltenberg nicht nur aufgrund der Reliquien den Buddha, sondern auch die buddhistische Lehre – der Ehrenschirm auf der Spitze zeigt dies an. Die ursprünglich nur aus Erde errichteten Grabhügel wurden ab dem 3. Jahrhundert v. Chr. durch steinerne Bauten ersetzt, die man in unterschiedlicher Form und mit unterschiedlichen Namen (Sri Lanka: Dagoba, Thailand: Chedi, China und Myanmar: Pagode, Tibet: Tschörten, Chörten) in allen buddhistischen Ländern errichtete und die riesige Ausmaße annehmen konnten (die vergoldete Swedagon-Pagode in Yangoon hat eine Höhe von 107 m, vgl. Seite 54f.).

In Sanchi ist der Stupa 1 der größte mit einer Höhe von 16,5 m (ohne Schirm). Er zeichnet sich durch vier Toranas (Ehrentore) in den vier Himmelsrichtungen aus, die detailliert in einer Fülle von Reliefbildern das Leben des Buddha, auch seine Vorgeburtgeschichten (Jatakas) und vielerlei Schmuckelemente zeigen. Um diesen Großen Stupa von Sanchi befinden sich weitere Stupas, dazu die (restaurierten) Reste von Klosteranlagen und Tempeln mit ebenfalls reichem Figurenschmuck. Die Ashoka-Säule mit der Inschrift liegt zerbrochen neben einem der Toranas.

Verehrung des Buddha geschieht durch Verehrung des Stupa, Nordtorana von Stupa 1 (Großer Stupa), Sanchi

Ajanta und Ellora – Höhlenklöster

In einem bogenförmigen Flusstal der Waghora-Schlucht liegen in die steilen Felswände eingearbeitet die insgesamt 29 Felsenhöhlen von Ajanta. Es ist ein faszinierendes Panorama über dem Fluss, die Eingänge zu den Höhlen sind überaus reich dekoriert. Die ältesten dieser Höhlen stammen aus dem 2. Jahrhundert v. Chr. und damit aus dem Ende der Maurya-Zeit. Fünf Höhlen wurden in den folgenden 300 Jahren in den Fels gehauen. Im 5. Jahrhundert folgten die weiteren Höhlen – dies war in Nordindien die Gupta-Zeit, auf dem Dekkan herrschte die Vatakata-Dynastie, die die buddhistischen Mönche und ihre Klöster finanziell unterstützte.

Anders als in Ellora und anderen Höhlenklöstern (s. u.) sind in Ajanta die meisten der Höhlen reich mit farbenfrohen Bildern ausgeschmückt; es sind keine Fresken, sondern Bilder einer Al-secco-Technik. Wände und Decken sind mit solchen Bildern gestaltet, die Episoden aus dem Leben des Buddha und seiner Vorgeburten erzählen. Solche Bilder gehören der Theravada-Tradition an, die Bilder der Höhle 10 sind die ältesten buddhistischen Wandbilder in Indien. Zu ihnen kommen in der späteren Zeit auch Bilder der Mahayana-Tradition, die vor allem die Bodhisattvas Vajrapani und Padmapani darstellen. Die Bilder werden in den jüngeren Höhlen (etwa Höhle 19) von vollplastischen Buddhafiguren oder Stupas begleitet, die rituell umwandelt werden können. Oft sind auch Säulen und Kapitelle überreich mit Ornamenten und Relieffiguren geschmückt.

Die Ajanta-Höhlen gerieten ab dem 8. Jahrhundert in Vergessenheit und wurden erst in der Kolonialzeit im 19. Jahrhundert von britischen Soldaten wieder entdeckt. Deshalb auch sind Bilder und Steinfiguren in einem guten Erhaltungszustand – alle Höhlen zusammen sind Weltkulturerbe.

Diesen Titel trägt auch der zweite Ort des Dekkan-Plateaus bei Aurangabad mit bedeutenden Höhlenklöstern: Ellora. Dort ist die Situation aber eine völlig andere, denn von den 34 Höhlen in Ellora sind nur zwölf buddhistisch, fünf gehören dem Jain-Glauben an und der Rest einschließlich des gigantischen Kailash-Tempels ist hinduistisch.

Als die Ajanta-Zeit zu Ende ging, wurden im 7. Jahrhundert die ersten buddhistischen Höhlen in Ellora ausgestaltet. Sie sind einfache Mönchsunterkünfte, nur eine Höhle (10) ist eine Tempelhalle (Chaitya) mit einem Stupa und darin eingemeißeltem Buddha. Ansonsten gibt es in Ellora in den buddhistischen Höhlen nur wenig Steinmetzarbeiten, die später ausgestalteten hinduistischen und jainistischen Höhlen (8.–10. Jahrhundert) bieten dagegen überreichen Skulpturenschmuck.

Parallel zum buddhistischen Höhlentempelbau des Dekkans wurden südlicher weitere hinduistische Höhlen eingerichtet – der kleine Ort Badami zeugt davon in herausragender Weise. Der Hinduismus allerdings konzentrierte sich mehr auf den Tempelbau aus gehauenen Steinen, etwa in Aihole und Pattadakal, später in Hampi.

Stupa mit stehendem Buddha, Höhle 19, Ajanta

Die buddhistischen Höhlenklöster: In den Orten, wo der Buddha lebte, aber auch in Nalanda und Taxila wurden die Klosteranlagen aus Ziegelsteinmauern und Holzbalkendecken gebaut. Auf dem Dekkan-Plateau östlich von Mumbai ist es anders: Dort gab es viele künstliche Höhlen, die von buddhistischen Mönchen seit dem 2. Jahrhundert v. Chr. als Höhlenklöster genutzt wurden. Solche Höhlen verzierte man vor allem im Eingangsbereich und um die Stelle des aus gewachsenem Fels geschlagenen Buddhabildes mit Figuren und Reliefs: Buddhabilder, Symbole, Tierbilder, florale Bänder. Schon bald schlug man zusätzlich künstliche Höhlen, die den Holzbauten im nördlichen Indien aus Stein nachempfunden wurden. Solche Höhlen gibt es in Mumbai (Kanheri-Höhlen), Nashik (Pandulena-Höhlen), Aurangabad, Bhaja, Bedsa und Karla. Die bedeutendsten Höhlenklöster aber befinden sich in Ajanta und Ellora.

Sri Lanka

Der Buddhismus in Sri Lanka ist weithin die Religion der singhalesischen Mehrheitsbevölkerung. Sri Lanka hat in der Geschichte des Buddhismus eine hohe Bedeutung, denn dies war das erste Land, das außerhalb Indiens zum Buddhismus bekehrt wurde: Der Sohn des Kaisers Ashoka, der buddhistische Mönch Mahinda, und seine Schwester, die Nonne Sanghamitta, waren auf Befehl des Kaisers zur Mission nach Sri Lanka gesandt worden – ihr Wirken führte das Land zur buddhistischen Religion. Mahinda traf auf dem Berg von Mihintale, nicht weit von der singhalesischen Hauptstadt Anuradhapura entfernt, den König Devanampiya Tissa und überzeugte ihn von der buddhistischen Lehre. Später ging von Sri Lanka – und dies ist ebenfalls für die Geschichte des Buddhismus bedeutsam – die buddhistische Mission Südostasiens (Myanmar) aus. Sri Lanka ist deshalb nach Indien das zweite Kernland des Buddhismus.

Mihintale – der Mönch und der König

Mihintale mit seinem aus der Ebene herausragenden Berg liegt etwa 15 Kilometer östlich der alten Hauptstadt Anuradhapura. Als Mahinda etwa 250 v. Chr. nach Sri Lanka kam, hat er sich – dem buddhistischen Mönchsbrauch entsprechend – in die Einsamkeit einer Höhle dieses Berges zurückgezogen. Dort traf er auf den König Devanampiya Tissa, der sich auf der Jagd befand. Dieser hatte bereits von der neuen Religion gehört, ließ sich nun von dem indischen Mönch genauer unterrichten und bekehrte sich zum Buddhismus. Dies machte er auch dadurch deutlich, dass er anordnete, dass in dem Gebiet um Mihintale kein Tier mehr getötet werden durfte – das erste Tierschutzgebiet der Welt entstand aus religiösen Gründen.

Mihintale wird wegen der Konversion des Königs als Ursprungsort des Buddhismus in Sri Lanka hoch verehrt. Jeweils im Mai, am Vollmondtag, findet das Pilgerfest Poson Puja statt, zu dem viele tausend Pilger nach Mihintale kommen. Der Konversion des Königs folgten viele Menschen in Anuradhapura und in den anderen Orten

der Insel, sodass die Mehrheitsbevölkerung der Insel rasch buddhistisch wurde – erst später kam durch die Einwanderung südindischer Tamilen ein hinduistisches Element hinzu, noch später durch muslimische Kaufleute der Islam und durch Portugiesen, Holländer und Briten das Christentum.

Der Ort, an dem sich König und Mönch trafen: heute Ambasthala Dagoba und Ehrenplatz (links), Mihintale

Heute zeigt sich der Berg von Mihintale als für Sri Lanka wichtige buddhistische Pilgerstätte mit einigen archäologisch bedeutsamen Stätten. Die Grundmauern von Klosteranlagen, aber auch eines Klosterhospitals, dazu das Refektorium, der Speisesaal eines Klosters, mit seinen riesigen Trögen für Reis und Curry sind gut zu erkennen. Wichtiger aber sind die Gebäude, die um die Zeitenwende auf den unterschiedlichen Plateaus des Berges errichtet wurden und an den Beginn des Buddhismus in Sri Lanka erinnern. Dies ist vorrangig die Ambasthala Dagoba (Stupa), die zusammen mit einem kleinen überdachten Gebäude die Stelle markiert, an der Mahinda den König belehrt hat. Sie wurde im 1. Jahrhundert v. Chr. errichtet. Außer dieser Dagoba gibt es weitere Stupas, die Maha Seya (Dagoba) ist unter ihnen die größte. Auch die Grotte des Mahinda kann man besichtigen, ebenso Wasserbecken und weitere Höhlenzellen aus alter Zeit.

Anuradhapura – der Bodhi-Baum

Anuradhapura war über 1500 Jahre Hauptstadt der Insel Sri Lanka, vom 5. Jahrhundert v. Chr. bis zur Zerstörung der Stadt durch die südindische Chola-Dynastie im Jahr 1017. Besonders der große König Devanampiya Tissa (Regierungszeit ca. 250–210 v. Chr.) baute die Stadt aus, ließ den großen Stausee Tissa Wewa zur Wasserversorgung in der ariden Zone des nördlichen Sri Lanka graben und zudem nach seiner Konversion zum Buddhismus erste buddhistische Heiligtümer errichten. Dazu gehört vor allem das sogenannte Maha Vihara, das »Große Kloster«. Seine spirituelle Mitte bildet ein Ableger des Bodhi-Baumes von Bodh Gaya, unter dem der Buddha zur Erleuchtung fand. Der Mönch Mahinda brachte diesen Ableger mit und pflanzte ihn im Zentrum der Hauptstadt ein. Um diesen heiligen Baum entstand das erste Kloster in Sri Lanka, das Mutterkloster aller buddhistischen Anlagen des Landes.

Noch heute ist im Maha Vihara der riesige Bodhi-Baum zu sehen; von ihm ist ein Ableger zurück nach Bodh Gaya gegangen, als der dortige Ursprungsbaum einging (vgl. Seite 18f.). Der Baum wird mit Fahnen in den fünf buddhistischen Farben Blau, Gelb, Rot, Weiß, Orange und mit Blumengaben der zahlreichen Pilger geschmückt.

Bodhi-Baum im Maha Vihara (Großen Kloster), Anuradhapura

Zum Maha Viahara gehören weitere Gebäude, etwa der Palastbau des Loha Prasada (Kupfer- oder Bronzepalast genannt wegen seines ursprünglichen, heute nicht mehr erhaltenen Kupferdaches) mit seinen zahlreichen Säulen. Die riesige, 107 m hohe Ruvanveli Dagoba (Ruvanveli Seya) mit ihrem Fries von 344 Elefanten überragt das ehemalige Zentrum der Königsstadt.

Während Maha Vihara auf den Theravada-Buddhismus ausgerichtet war, wie ihn Mahinda nach Sri Lanka gebracht hatte, war ein weiterer Klosterkomplex im Norden der Stadt mahayana-buddhistisch geprägt: das Abhayagiri Vihara. Beide Klöster hatten Mönchsuniversitäten, die im Wettstreit miteinander lagen; auch rangen die Äbte der Klöster um Einfluss beim jeweiligen König. Das nördliche Kloster Abhayagiri wird beherrscht von der mächtigen, 75 m hohen Abhayagiri Dagoba, die einen Durchmesser von 95 m hat – ein riesiger Ziegelsteinberg. Es gibt in diesem Komplex weitere Dagobas, dazu Klosteranlagen und den Mahasena-Palast, der von einer reich dekorierten Eingangsstufe, einem Mondstein, geschmückt wird.

Ein dritter Klosterkomplex ist das Jetavana Vihara, das im 3. Jahrhundert n. Chr. von König Mahasena gestiftet wurde. Dazu gehören der älteste Stupa Sri Lankas, die Thuparama Dagoba, eine Zitadelle und ein Tempel für den Zahn des Buddha, der heute in Kandy aufbewahrt wird, ursprünglich aber in Anuradhapura war.

Gaben unter dem Bodhi-Baum, Maha Vihara, Anuradhapura

Polonnaruwa – Gal Vihara

Nach der Zerstörung Anuradhapuras durch die tamilische Chola-Dynastie aus Südindien im Jahr 1017 bauten die Fremdherrscher die bereits bestehende Stadt Polonnaruwa im Osten zu ihrer Hauptstadt unter der Herrschaft des mächtigen Rajendra I. aus (Regierungszeit 1014–1042). Doch bereits im Jahr 1293 kam das Ende der Stadt, Sri Lanka zerfiel in verschiedene kleine Reiche.

Ebenso wie in Anuradhapura finden sich in Polonnaruwa zahlreiche Bauten, sowohl Klosteranlagen mit Dagobas wie auch – besser als in Anuradhapura erhaltene – Palastbauten der zuerst südindischen, dann wieder singhalesischen Dynastien. Die Nordgruppe ist dabei für den Buddhismus am wichtigsten: Im Rankot Vihara ragt die Rankot Dagoba mit 55 m Höhe und goldener Spitze auf (»Dagoba mit der goldenen Spitze« genannt) – ein Bau aus dem 12. Jahrhundert. Im größten Klosterkomplex der Stadt gibt es Versammlungshallen der Mönche und den Lankatilaka, das Statuenhaus, wo eine 12 m hohe Buddhastatue, wenn auch beschädigt, zu sehen ist. Kleinere Stupas umgeben die Klostergebäude, am schönsten ist die Kiri Dagoba, der »milchweiße« Stupa. Auch gibt es im Nordgebiet der Stadt ein Badebecken in Lotosform, das Lotosbad.

Kopf des sitzenden Buddha, Gal Vihara, Polonnaruwa

Doch der Platz, der am meisten besucht wird, ist Gal Vihara mit seinen vier großen Buddhas. An diesem Ort ist außer den in der Mitte des 12. Jahrhunderts aus dem gewachsenen Granitfelsen geschlagenen Buddhas kein weiterer Tempel oder Klosterbau, nur ein weitläufiger Park umgibt die Anlage ganz im Norden der Stadt.

Das vollkommene Erlöschen des Buddha (Paranirvana), Gal Vihara, Polonnaruwa

In einer trotz vieler Pilger beeindruckenden Stille regen die großen Buddhas zur Meditation an.

Auf der linken Seite von Gal Vihara sitzt ein etwa 4,50 m hoher Buddha in Dhyani-Mudra, der Meditationshaltung (vgl. den Kopf dieser Statue auf Seite 46). Dann folgt in einer ursprünglich bunt ausgemalten Nische ein weiterer sitzender Buddha. Ein 7 m hoher stehender Buddha mit verschränkten Armen schließt sich an. Lange Zeit wurde wegen seiner ungewöhnlichen Armhaltung gezweifelt, ob diese Figur einen Buddha darstellen soll; auch Ananda, der Lieblingsschüler des Buddha, ist genannt worden. Doch soll diese in sich versunkene Haltung wohl eher symbolisch das Mitleiden des Buddha mit allen Kreaturen zeigen. Ganz rechts liegt ein 12 m langer Buddha, der ins Paranirvana, ins endgültige Nirvana, eingeht (Foto oben).

Neben dieser beeindruckenden Stätte gibt es im Süden und im Zentrum von Polonnaruwa weitere Kloster- und Palastanlagen. Zudem sind neben den buddhistischen Stätten auch mehrere hinduistische Shiva-Tempel zu finden (Shiva Devale). Auf einer Plattform, der Terrasse der Zahnreliquie (Dalada Maluwa), finden sich die Reste mehrerer Tempel und das 8 x 2 m große Steinerne Buch mit 4300 Schriftzeichen, die König Nissanka Malla einmeißeln ließ.

Kandy – der Zahn des Buddha

Nach Mihintale mit der Erinnerung an den Ursprung des Buddhismus auf Sri Lanka und Anuradhapura mit dem verehrten Bodhi-Baum ist die in den Bergen liegende Stadt Kandy der heiligste Ort der Insel. Sie war die letzte Königsstadt Sri Lankas, erst 1815 übernahmen die Engländer mit Kandy die Herrschaft auch über die Bergregionen der Insel.

Kandy hat seine besondere Bedeutung für Buddhisten, weil hier ein Zahn des Buddha verehrt wird. Nach der Verbrennung des Leichnams des Buddha in Kushinagara (vgl. Seite 28f.) blieben Knochenreste und Asche übrig. Ein Eckzahn wurde als Reliquie in das Königreich Kalinga (heute der Bundesstaat Odisha im Osten Indiens) verbracht, von dort aber auf abenteuerliche Weise (im Haar einer Prinzessin aus Kalinga versteckt) zum König Sirimeghavanna von Anuradhapura gebracht. Der Zahn kam zu Beginn des 4. nachchristlichen Jahrhunderts auf die Insel Sri Lanka.

Nach der Zerstörung Anuradhapuras im Jahr 1017 kam der verehrte Zahn des Buddha nach Polonnaruwa, dann wechselnd in mehrere andere Hauptstädte kleinerer Fürstentümer und schließlich 1592 nach Kandy, wo der dortige König ihm einen Tempel baute.

Sri Dalada Maligawa (Tempel des Heiligen Zahns), Kandy

Dieser Tempel liegt nach vielfachen Ergänzungen und Umbauten heute in der Mitte eines größeren Tempelkomplexes – er ist durch sein goldenes Dach zu erkennen. Der markante achteckige Bau an der rechten Seite des Komplexes und am Ende des Zugangsweges wird als Bibliothek bezeichnet, war aber eher eine Audienzhalle des Königs von Kandy. Um den heiligen Bereich gibt es weitere Tempelhallen und eine Art Museum. Das Innere der ganzen Anlage wirkt auf den ersten Blick verwirrend. Auch muss man, um bei der morgendlichen oder abendlichen Puja (ritueller Gottesdienst) einen Blick auf das Heiligtum werfen zu können, in den zweiten Stock hinaufsteigen, bei vielen Pilgern und Besuchern nicht immer einfach. Der Zahn selbst ist in eine Elfenbeinkammer eingeschlossen, um sie herum befinden sich weitere sechs Behälter aus Gold und Silber in Dagoba-Form. Diese Reliquie steht in einem kleinen Raum, der kostbar geschmückt ist.

Puja im Sri Dalada Maligawa, Kandy

Einmal im Jahr, vor dem August-Vollmond, findet in Kandy die 14-tägige Esala Perahera statt, bei der jede Nacht Prozessionen mit Fackeln und Trommel- und Oboenklang durch die Stadt ziehen. Die größten Elefanten des Landes werden mit bunten Tüchern und einer Fülle von Lichtern geschmückt. Erst in der letzten Nacht wird die Zahn-Reliquie auf dem gewaltigsten Elefanten bis zu einem benachbarten Kloster getragen, wo sie einige Stunden bleibt und dann in den Zahntempel zurückkehrt. Man sagt, dass die Kandy Perahera das größte Fest Asiens zu Ehren des Buddha sei.

Vor dem Zahntempel liegt der Kiri Muhuda, der »Milchsee«, ein künstlich angelegter See, der an die mythologische Erzählung vom Urmeer erinnert, wo Götter (Devas) und Dämonen (Asuras) das Wasser quirlten, um an den Unsterblichkeitstrunk Soma zu gelangen. Außerdem gibt es innerhalb der Stadt und im Umkreis eine ganze Reihe bedeutender buddhistischer Klosteranlagen, die wie die beiden 20 km von der Stadt entfernten Tempel Lankatilaka Raja Maha Vihara und Gadaladeniya Raja Maha Vihara (= königliche Tempel) aus dem 14. Jahrhundert stammen.

Kelaniya – der Sitz des Buddha

Auch der kleine Ort Kelaniya, 20 km östlich der heutigen Hauptstadt Colombo, ist mit seinem königlichen Tempel Kelaniya Maha Raja Vihara von hoher Bedeutung für den singhalesischen Buddhismus. Denn die Legende erzählt, dass der Buddha an diesem Ort auf einem Thron sitzend gepredigt haben soll. Im achten Jahr nach seiner Erleuchtung sei er, von Nordindien kommend, mit 500 seiner Mönche nach Kelaniya gelangt und habe hier dem Fürsten Maniakkhika gepredigt. Damit ist Kelaniya der singhalesischen Legende nach der älteste Ort, an dem der Buddhismus Sri Lanka erreichte – noch vor Mihintale, wo der Mönch Mahinda, Sohn des Kaisers Ashoka, um 250 v. Chr. den Buddhismus offiziell (und historisch wohl korrekt) nach Sri Lanka brachte.

Entsprechend ist Kelaniya ein äußerst wichtiger Pilgerort in Sri Lanka, wo das ganze Jahr über eine große Zahl weiß gekleideter Pilger den Buddha und seine Lehre verehrt. Der Lehrthron des Buddha soll sich im Zentrum der großen weißen Dagoba befinden, deren Inneres wie bei allen Stupas nicht zugänglich ist. Gleichsam modellhaft sind in Kelaniya die drei Teile eines buddhistischen Tempels in Sri Lanka (ähnlich in den anderen Theravada-Ländern) sichtbar: Wichtigster Bau ist die Dagoba, dahinter liegt der eigentliche Tem-

Dagoba, Statuenhaus und Bodhi-Baum im Kelaniya Maha Raja Vihara

pel (Statuenhaus genannt, weil sich darin mindestens eine Statue des Buddha befindet) und der große Bo-Baum, meist ein Ableger des Bodhi-Baums aus Anuradhapura bzw. Bodh Gaya.

Im Hauptraum des Raja Maha Vihara von Kelaniya findet sich eine sitzende Buddhastatue in Meditations-Mudra (Handhaltung: Hände wie Schalen ineinander). Dahinter scheint durch einen durchsichtigen Vorhang ein Bild des heiligen Berges Kailash (vgl. Seite 178f.) auf.

In den anderen Hallen des Statuenhauses in Kelaniya gibt es eine große Statue eines liegenden Buddha (Buddha geht ins Paranirvana ein); vor allem aber sind die Tempelräume über und über geschmückt mit Wandmalereien aus dem 18. und 19. Jahrhundert, die zum einen den Lebensweg des Buddha anschaulich schildern, zum anderen Szenen aus der buddhistischen Geschichte Sri Lankas darstellen: Der Mönch Mahinda bringt den Bodhi-Baum-Ableger; der Zahn des Buddha erreicht im Haar der Prinzessin das Land; der König verehrt den Buddha; die Mönche schreiben im Kloster Aluvihara zum ersten Mal die Lehrreden des Buddha auf (Pali-Kanon) ...

Jeweils am Vollmond- und am Neumondtag kommen Pilger aus ganz Sri Lanka nach Kelaniya zum Raja Maha Vihara (»Großes Königliches Kloster«) und legen dort an der Dagoba und im Statuenhaus ihre Opfergaben nieder: Blumen und Blütenketten aus Lotos, Franjipani, Jasmin und andere Blumen, dazu Räucherstäbchen und kleine Lichter. Die Pilger hören die oft langen Predigten der Mönche, beten allein oder in Gemeinschaft – Religion pur. Wer das ursprüngliche religiöse Leben der Singhalesen kennen lernen möchte, ist in Kelaniya am richtigen Ort.

Buddha vor Kailash im Kelaniya Raja Maha Vihara, bei Colombo

Myanmar

Von Indien aus gelangte der Buddhismus nach Sri Lanka, das zum Ausgangspunkt der buddhistischen Mission in Südostasien wurde. Die offizielle Version der Buddhisten in Myanmar klingt allerdings anders: Danach haben zwei aus dem heutigen Myanmar stammende Kaufleute, Tapussa und Bhalika, dem Buddha unmittelbar nach seiner Erleuchtung eine Bettelschale geschenkt und von ihm deshalb acht Haare als Reliquien erhalten – diese sind der Schatz der Shwedagon-Pagode (vgl. Seite 54f.). Auch seien vom dritten buddhistischen Konzil in Pataliputra (Patna) im Jahr 268 v. Chr. Mönche nach Myanmar ausgesandt worden. Historisch nachweisbar ist allerdings eine Erstmissionierung der Mon- und Pyu-Völker um die Zeitenwende. Die Bamar, mit ca. 70 % Mehrheitsvolk im Vielvölkerstaat Myanmar, bezeichnen sich aufgrund der langen Geschichte des Buddhismus in ihrem Land als das »Lieblingsvolk des Buddha«.

Yangoon – Sule-Pagode

Vor über 2000 Jahren wurde vom Volk der Mon die Stadt Dagon (= Platz der Verehrung) im Süden des heutigen Myanmar (Burma) errichtet. Schon zu dieser Zeit lag in der Stadtmitte eine kleine, vielleicht 10 m hohe Pagode, in der die kostbaren Haare des Buddha aufbewahrt und verehrt wurden – die Shwedagon (vgl. Seite 54f.). Shwe bedeutet Gold, ein »Goldener Platz der Verehrung des Buddha« also.

Älter jedoch als die riesige Shwedagon, die heute das Stadtbild von Yangoon beherrscht, ist die kleine Sule-Pagode, die im verkehrsreichen Zentrum der Stadt nicht weit vom Hafen steht. Es ist ein eigenartiger Bau, weil die religiösen Stätten dieser Pagode im Inneren eines Rundbaus liegen, der nach außen hin mit Geschäften, Büros und Geldwechslern belegt ist. Um und in dieser Pagode herrscht ein reges Leben: Viele Gläubige kommen in diese »religiöse Insel« inmitten der Altstadt, Devotionalienhändler, Blumenverkäufer, Handleser und Astrologen bieten ihre Dienste an.

Die Sule-Pagode, Yangoon

Der Bau der heute nach Vergrößerungen 48 m hohen Sule-Pagode wird der Legende nach bis ins 3. vorchristliche Jahrhundert zurückgeführt. In diesem Heiligtum wurden die kostbaren Haare des Buddha, die von den beiden Kaufleuten Tapussa und Bhalika aus Indien mitgebracht wurden, zuerst aufbewahrt. Deshalb hieß die Pagode in früher Zeit auch dic Kyaik Athok (Pagode mit der Haarreliquie). Wenn auch die Gründungslegende nicht belegt ist, so ist nachweisbar, dass es bereits vor der Zeitenwende eine rege Handelsbeziehung zwischen Indien und dem Delta des Ayeyarwady-Flussses gegeben hat. Die Sule-Pagode ist achteckig, was nach der Mythologie Myanmars auf die Wochentage hindeutet (dabei wird der Mittwoch in Vormittag und Nachmittag unterteilt, deshalb acht).

Der Name Sule hat nichts mit Buddhismus zu tun, sondern geht auf den Sule-Nat zurück, der ursprünglich den Hügel bewachte, auf dem die Pagode steht. Nats sind in Myanmar zum einen Naturgeister, zum anderen auch geschichtliche Gestalten, etwa bedeutende Herrscher, die nach ihrem Tod zu Schutzgeistern erklärt wurden. Auch Hindu-Götter können zu Nats umgeformt werden. Insgesamt werden meist 37 Nats verehrt – der Sule-Nat ist einer der wichtigsten, eine Statue des Sule findet sich, reich geschmückt, in der Pagode.

Yangoon – Shwedagon-Pagode

Buddhistische Pagoden prägen Myanmar, ihre goldenen Türme sind schon von Weitem sichtbar. Das gilt auch und besonders für die Shwedagon-Pagode in der ehemaligen Hauptstadt Yangoon (heutige Hauptstadt: Naypyidaw). Die acht Haare des Buddha, die der Legende nach zwei Kaufleute nach Myanmar gebracht haben, liegen nun in der verborgenen Reliquienkammer der 98 m hohen Pagode. Die Pagode selbst wurde ab 600 nach Christus begonnen, aber immer wieder vergrößert und höher gebaut, ihre jetzige Gestalt stammt aus dem 18. Jahrhundert. Sie ist Mittelpunkt eines Pagodenwaldes auf einem kleinen Hügel und das Wahrzeichen des Landes. Die Shwedagon (»shwe« = »Gold«, »dagon« = »Tempel«) ist ganz mit Goldplatten überzogen (ca. 60 Tonnen Gold), an ihrer Spitze befindet sich eine Kugel von 25 cm Durchmesser, besetzt mit 4500 Diamanten, Rubinen, Topasen und Saphiren, die aus den Berggebieten Myanmars stammen: Gold bis zum Himmel und leuchtende Edelsteine als Krone – dies symbolisiert die Erinnerung an den Buddha und zugleich seine Verehrung.

Die vielen kleinen Pagoden und auch Statuenhäuser rund um die große Shwedagon sind Stiftungen frommer Buddhisten. Solche Pa-

Shwedagon-Pagode mit Südaufgang, Yangoon

godenwälder findet man überall im Land, besonders ausgeprägt im Shan-Staat im Osten Myanmars in Pindaya (vgl. Seite 62f.) und den beiden Orten Indein und Kakku am Inle-See – dort sind diese Pagodenwälder aber zugleich Begräbnisstätten der Shan-Fürsten.

Die Shwedagon ist zugänglich über lange Treppenaufgänge, die mit gestuften Türmen in Gold überdacht sind. In diesen Aufgängen findet man die vor großen Tempeln üblichen Devotionalienhändler, aber auch Wahrsager, Marionetten-Puppen-Schnitzer und vor allem Verkäufer der Blumengirlanden, die die Gläubigen als Verehrung des Buddha in die Pagode bringen.

Kommt man über den Südaufgang in das weite Areal der vielen hundert kleinen Pagoden (eine Plattform von 60 000 m^2), so geht man wie in allen buddhistischen Stätten im Uhrzeigersinn um die große Pagode herum (als Zeichen der Ehrfurcht ist die rechte, die gute Seite der Pagode zugewandt). Die Pagode selbst hat eine Plattform, die aber nur von Mönchen betreten werden darf. Darunter und dem Besucher zugewandt sind die acht Buddhas der Himmelsrichtungen und Wochentage in ihren unterschiedlichen Haltungen. Die Gläubigen verehren in der Regel den Buddha, der dem Wochentag ihrer Geburt zugeordnet ist, übergießen ihn mit Wasser und schmücken ihn mit Blumen.

Rechts und links liegen am Rundgang um die Shwedagon eine unermessliche Zahl kleinerer Pagoden, Tempel und Schreine (Tazaung). Meist sind dies Stiftungen frommer Buddhisten, auch von Berufsgruppen (wie etwa der in Yangoon ansässigen chinesischen Kaufleute, vgl. das Foto rechts). In den einzelnen Hallen befinden sich eine Fülle von Buddhafiguren in verschiedenen Stilen; oft haben Gläubige darin ihre persönliche Andachtsstelle eingerichtet. In der Süd-Ost-Ecke der Shwedagon steht auch ein Bodhi-Baum.

Meditierender im Tazaun (Schrein) der chinesischen Kaufleute, Shwedagonpagode, Yangoon

Bagu und Kyaiktiyo – der Goldene Fels

Ein alter Eremit – so die Legende – hatte vom Buddha ein einzelnes Haar als Reliquie geschenkt bekommen. Dieses trug er in seinem Eremiten-Haarknoten versteckt. Als er alt wurde und ans Sterben dachte, wollte er für dieses Haar eine Pagode auf einem Felsen bauen, der die Form seines Schädels hatte. Er wandte sich an den König und dieser – mit magischen Kräften begabt – fand auf dem Grund des Meeres einen solchen Stein, ließ ihn in einem Boot zum Kyaikto-Berg transportieren, vergolden und darauf eine 6 m hohe Pagode für das Haar des Buddha bauen.

Die grobe Form eines Menschenschädels ist auch heute noch zu erkennen, das Bedeutsame und Faszinierende aber an diesem Granitfelsen ist, dass er über einem mehrere hundert Meter tiefen Abgrund hängt. Man glaubt, dass er jeden Augenblick in die Tiefe stürzen würde. Da der Fels zudem leicht wackelt – angeblich schon von Kinderhand zu bewegen –, wird dieser Eindruck noch verstärkt. Das Haar des Buddha ist unter der Pagode angebracht. Es soll den Felsen vor dem Fall in den Abgrund schützen.

Der Goldene Fels liegt auf einer 1100 m hohen Bergkuppe, die nur über einen mühsamen Aufstieg erreicht werden kann. Der Name des Felsen Kyaiktiyo bedeutet »Stupa (Kyaik) auf dem Kopf eines

Einer der vier Buddhas von Kyaikpun, Bago

Eremiten«. Der Fels liegt oberhalb der kleinen Stadt Kyaikto im birmanischen Mon-Bundesstaat im Osten des Landes, 65 km von Bago entfernt.

Der Goldene Fels ist ein beliebter Wallfahrtsort; besonders zum Sonnenuntergang kommen viele Menschen auf den Hügel, Buddhisten ebenso wie neuerdings Touristen. Auch versammeln sich jeden Tag viele Mönche und Eremiten am Felsen. Die Männer kleben Blattgoldplättchen an den Felsen, Frauen dürfen ihn nicht berühren. Seit dem 11. Jahrhundert, der Regierungszeit des Königs Tissa, wird der Felsen mit dem Haar des Buddha verehrt. Er gehört mit der Shwedagon-Pagode in Yangoon zu den bedeutendsten buddhistischen Heiligtümern von Myanmar.

Goldener Fels (Kyaiktiyo-Pagode), Kyaikto, Mon-Staat

Die vier Buddhas von Kyaikpun in Bago: Auf dem Weg von Yangoon zum Goldenen Fels liegt die für die Geschichte von Myanmar bedeutende Stadt Bago. Sie wurde im Jahr 573 vom Volk der Mon als Stadt Hamsavati gegründet, weil an diesem Platz ein Wildganspärchen gelandet war – die Wildgans (Hamsa) ist das Reittier des hinduistischen Schöpfergottes Brahma. Bago wurde zum wichtigsten Zentrum des Mon-Reiches. In der Stadt finden sich heute viele buddhistische Tempel und Pagoden. Der bedeutendste ist wohl der Kyaikpun-Tempel. Darin sitzen mit dem Rücken an einen 30 m hohen Turm angelehnt die Buddhas der vier Weltzeitalter: der Buddha Siddhartha Gautama unserer Weltzeit und drei Buddhas früherer Weltzeiten: Kanakamuni, Krakucchanda und Kasyapa.

Bagan – 2500 Tempel und Pagoden

Eine der beeindruckendsten Stätten Asiens ist das riesige Pagodenfeld von Bagan. Heute erstrecken sich auf der Ebene östlich des über 2100 km langen Ayeyarwady-Flusses mehr als 2500 Pagodenanlagen, doch waren es in der Blütezeit Bagans von 1044 bis 1287 wahrscheinlich noch viel mehr. Meist sind es Stupas, aber auch Tempel mit einem begehbaren Innenraum, dazu Klosteranlagen, Bibliotheken und Ordinationshallen für die Mönche. Die meisten dieser Gebäude sind aus örtlich gebrannten Ziegelsteinen errichtet, dann aber mit einer dicken Stuckschicht überzogen. Diese hat bei vielen Pagoden die Zeiten nicht überdauert, sodass diese heute meist als Ziegelsteinpagoden erscheinen. Nur wenige sind wieder neu verputzt oder sogar wie die große Shwezigon-Pagode oder die Dhammayazika vergoldet.

Im 9. Jahrhundert kommt das Volk der Bamar aus dem Norden in die Ebenen des Ayeyarwady und verdrängt die dort ansässigen Pyu und im Süden die Mon. Eine kleine Siedlung Pukam wird von ihnen zur Hauptstadt Bagan ausgebaut – die Lage im Zentrum des neuen Bamar-Reiches ist günstig, die Nahrungsmittelversorgung durch die Bewässerung aus dem großen Fluss ebenso gut. 1044 wird dieses Reich – nun unter dem Namen Anawratha – zur Regionalmacht, die

Pagodenwald, Bagan

Dhammayazika-Pagode, Bagan

bis zum Ansturm der Mongolen im 13. Jahrhundert Bestand hat – das erste Reich der Bamar.

Diese sind überzeugte Theravada-Buddhisten und geprägt von einer intensiven Religiosität. Es schafft gutes Karma und damit eine bessere Wiedergeburt auf dem Weg zum Nirvana, wenn man fromme Stiftungen macht und Pagoden und Klöster erbaut. Dies ist der Grund für den überwältigenden Bauboom von Stupas und Tempeln in Bagan, der bis heute anhält.

Mandalay – Das Steinerne Buch

Im Kloster Aluvihara bei Matale in Sri Lanka wurden etwa 80 v. Chr. die von Buddha ausgesprochenen und bis dahin nur mündlich weitergegebenen Traditionen zum ersten Mal schriftlich gefasst und in Pali auf Palmblätter geschrieben: Der sogenannte Pali-Kanon entstand. Pali ist eine alte Sprache Mittelindiens, die mit der Sakralsprache Sanskrit eng verwandt ist. Pali selbst hat keine eigene Schrift, sondern wird in verschiedenen Schriften wiedergegeben (Sri Lanka: Sinhala, Myanmar: Bahman, Thailand: Thai ...). Alle diese Schriften leiten sich aber von der altindischen Schrift des Brahmi ab (1. Jahrtausend v. Chr.).

Der Pali-Kanon wurde als »Dreikorb« (in Sanskrit Tripitaka) bezeichnet, weil in diesem (umfangreichen) Text drei kanonische Sammlungen enthalten waren; es sind drei Körbe voll Schriften: Sutren – die Lehrreden des Buddha in verschiedenen Sammlungen; Vinaya – Sammlung von Ordensregeln; Abhidharma – Sammlung von Kommentaren zu den Sutren des ersten Korbes.

Die ersten buddhistischen Schriften in Aluvihara wurden auf Palmblättern gefertigt. Die Blätter der Talipot-Palme wurden zugeschnitten, dann mit einem spitzen Griffel die Schrift eingraviert und schließlich mit Rußtinte eingefärbt. Die einzelnen Blätter wurden

Mahamuni – der goldene Buddha: Der Mahamuni (= Großer Weiser) ist eine knapp 4 m hohe Buddhastatue aus Bronze, die über und über von den Gläubigen mit Blattgold geschmückt worden ist und weiterhin geschmückt wird. Dies führte dazu, dass man heute durch den bis zu 25 cm dicken Goldauftrag die Form des Buddha nur noch erahnen kann – allein das Gesicht ist nur feuervergoldet und wird von weiteren Goldplättchen verschont. Dieser Buddha wird deshalb so sehr verehrt, weil er einer von nur fünf Statuen des Buddha sein soll, die bereits zu seinen Lebzeiten geschaffen wurden. Das ist zwar historisch nicht haltbar – aber solche Legenden begründen eine tiefe Frömmigkeit, die sich auch an anderen Orten Myanmars zeigt, etwa in der Verehrung der fünf kleinen Buddhas vom Inle-See.

dann übereinander gelegt und oben und unten mit einem Holzdeckel versehen; ein Band hielt alles zusammen – oder es wurde ein Tuch um die Blätter geschlagen.

In der Kuthodaw-Pagode in Mandalay findet sich der Text des Pali-Kanons in anderer Form. Im Jahr 1871 fand anlässlich des 2400. Todestages des Buddha in Mandalay das sechste buddhistische Konzil statt (vgl. Seite 33), an dem 2400 Mönche des Theravada teilnahmen. König Mindon wollte den heiligen Text in einer anderen Weise als auf Palmblättern erhalten: Er ließ ihn auf insgesamt 729 Steintafeln einmeißeln, die in kleinen tempelförmigen und von einer Pagode gekrönten Pavillons untergebracht wurden – das größte Buch der Welt, das »Steinerne Buch«, entstand durch die siebenjährige Arbeit von hunderten von Steinmetzen. Die große Anlage besitzt als Zentrum eine vergoldete Pagode, die Maha Lawka Marazein.

Mandalay selber ist nach Yangoon die zweitgrößte Stadt Myanmars. Ihr Zentrum ist vom Gelände des ehemaligen Königspalastes bestimmt, von dem allerdings nur die Außenmauern, der Wassergraben und ein außerhalb liegender Holzpavillon erhalten sind, weitere Gebäude sind in den letzten Jahren restauriert worden. Die Stadt wird überragt vom Mandalay-Hügel, auf den eine lange Treppe führt, die von Tempelanlagen gesäumt ist. Auch in den anderen Vierteln der Stadt gibt es eine Reihe von großen Pagodenanlagen, die das Bild der Stadt als heilige Stätte prägen.

Pavillons der Kuthodaw-Pagode mit dem Tripitika, Mandalay

Shan-Plateau – Pindaya-Höhlen

Unter den heiligen hinduistischen und buddhistischen Stätten Asiens gibt es eine Fülle von Höhlentempeln, die entweder in natürlichen Höhlen angelegt sind oder für die eigens Höhlen geschlagen wurden. Insgesamt sind in den asiatischen Ländern über 1000 Höhlen bekannt, die als hinduistische oder buddhistische Heiligtümer verehrt werden. Entstanden sind solche Höhlenklöster und -tempel aus Eremitenklausen, in die sich einzelne Sadhus (hinduistisch) oder Mönche (buddhistisch) zurückzogen.

Besonders bekannt sind die großen Höhlentempel in Ajanta und Ellora (vgl. Seite 40f.), die reich mit Statuen und Fresken geschmückte Höhle von Dambulla in Sri Lanka, die an der Seidenstraße vor der Querung der Taklamakan-Wüste gelegenen Mogao-Grotten bei Dunhuang mit 44 000 m² Fresken (vgl. Seite 112f.), die mit vielen tausend Buddha-Figuren ausgestatteten Höhlenanlagen Longmen beim chinesischen Luoyang (vgl. Seite 120f.) und Yungang bei Datong (vgl. Seite 124) und die koreanische Seokguram-Grotte in Gyeongju (vgl. Seite 144f.). Solche Anlagen sind Wallfahrtsziele buddhistischer Pilger und zugleich Weltkulturerbe.

Im Theravada-Buddhismus Südostasiens gibt es nur wenige solcher Höhlen, etwa die Buddha-Höhlen von Pak Ou (vgl. Seite 80)

Pagoden auf dem Friedhof der Shan-Fürsten unterhalb der Pindaya-Höhlen, Shan-Staat

und die Höhlen in Pindaya im Osten Myanmars auf dem Shan-Plateau. In diesen beiden natürlichen Höhlen befindet sich kein Tempel, auch gibt es dort keine Mönche in einer Klosteranlage. Vielmehr bringen fromme Pilger große und kleine Buddhastatuen und stellen sie auf, um so Verdienste für eine bessere Wiedergeburt zu erlangen. Solche Statuen können ganz einfach aus Holz geschnitzt sein, auch in recht primitiver Form. Es gibt aber von reichen Stiftern auch große Statuen, die mit Gold überzogen und mit Schmuck verziert sind. Solche Statuen stehen meist völlig ungeordnet nebeneinander. Manchmal bringen Pilger Gaben zu einzelnen Statuen.

In Pindaya sind inzwischen über 8000 Buddhastatuen aufgestellt, meist sitzend und in der Form der Anrufung der Erdgöttin als Zeugin (Bhumisparsa-Mudra) mit der rechten Hand zur Erde zeigend, die linke Hand in Meditationshaltung. Aber es gibt auch stehende Buddhafiguren – diese oft mit der Mudra (Handhaltung) der Schutzgewährung. Als Material dieser Statuen wurde meist Holz gewählt, aber auch Stein oder Gips, Bronze oder sogar Gold. Viele Statuen wurden mit Goldbronze überzogen und auf rote Sockel gestellt, sodass sich ein festliches Bild ergibt. Die ältesten der heute aufgestellten Statuen dürften aus dem 18. Jahrhundert stammen, die Höhle wurde allerdings schon früher als religiöse Stätte genutzt.

Buddhas in den Pindaya-Höhlen, Shan-Staat

Der kleine Ort Pindaya unterhalb der Höhle war früher die Hauptstadt eines Shan-Fürsten. Die Shan sind ein Tai-Kadai-Volk (wie die Thai und die Lao), die größte Minderheit in Myanmar. Die Hauptstadt ihres teilautonomen Shan-Staates ist Taunggyi. In Pindaya befindet sich ein großer Friedhof der Shan-Fürsten.

Mrauk U – das letzte Reich von Rakhine

Im Nordwesten von Myanmar im Grenzgebiet zu Bangladesh liegt ein Bergland, das über viele Jahrhunderte ein eigenständiges Königreich war: Rakhine (heute offiziell: Rakhaing-Staat), von den Briten Arakan genannt. Seit etwa 500 v. Chr. gibt es in diesem Gebiet aufeinander folgende Reiche, die lange Zeit von Indien und religiös von einer Mischung von Buddhismus und Hinduismus geprägt waren. Im Jahr 957 n. Chr. wurde Rakhine von den tibeto-birmanischen Pyu erobert, sodass in der Folge die Anbindung an die Reiche Myanmars (vor allem an Bagan) stärker wurde. Ab dem 14. Jahrhundert kamen vom Gebiet des heutigen Bangladesch auch Muslime ins Land, vor allem als Händler an die Küste rund um die Hafenstadt Sittwe.

Koethaung-Pagode (Pagode der 90 000 Buddhas), Mrauk U

Das letzte Reich von Rakhine ist das von Mrauk U, ca. 60 km von der Küste entfernt und über einen Kanal zu erreichen. König Minsawmun gründete 1433 Mrauk U (auch Myohaung, »Alte Stadt«, »Goldene Stadt«); eine Blütezeit von 350 Jahren folgte, in der in Mrauk U nicht nur Paläste, sondern auch eine Vielzahl von Tempeln und Pagoden erbaut wurden. Diese Blütezeit endete durch doppelten Druck: Zum einen siedelte sich an der Küste die portugiesische Kolonialmacht an, zum anderen wurde Bodawpaya, der König von Mandalay/Ava/Amarapura, mächtiger und eroberte 1784 auch das Reich von Mrauk U. Seitdem gehört Rakhine zu Myanmar, doch gibt es immer wieder Unruhen, weil Teile der Bevölkerung die Unabhängigkeit anstreben.

Mrauk U ist heute in großen Teilen eine archäologische Stätte; nur wenige der vielen Tempel und Pagoden werden von der Bevölkerung als religiöse Stätten genutzt bzw. sind von Mönchen bewohnt. Dennoch ist das Bewusstsein erhalten, dass manche dieser Orte aus der frühesten Zeit des Buddhismus stammen. Der Buddha selbst, so sagt die Legende, soll mit 500 Mönchen nach Rakhine und Mrauk U gekommen sein, um seine Lehre zu verkünden. Damals sei auch die große goldene Statue des Mahamuni-Buddha gegossen worden, die vom burmesischen König Bodawpaya 1874 nach Mandalay gebracht wurde (vgl. Seite 60). In Dhanyawady, nicht weit von Mrauk U, gibt es heute einen Mahamuni-Schrein, in dem eine Replik des Mahamuni-Buddha verehrt wird. Die Rakhiner meinen allerdings, dass hier das Original aus Buddhas Zeiten steht und in Mandalay die Kopie.

In Mrauk U und den umliegenden Orten Vesali (nach dem indischen Vaishali benannt, vgl. Seite 26f.) und Dhanyawady finden sich eine Fülle von Tempeln. Der bedeutendste ist der Shitthaung-Tempel, dessen Galerien von Tausenden von Buddhas bedeckt sind – man nennt diese Stätte auch den »Tempel der 80 000 Buddhas«. Doch dieser Ort wird noch von der 1553 erbauten Koethaung-Pagode übertroffen, die als Ort der 90 000 Buddhas gerühmt wird und zudem eine unübersehbare Fülle kleiner Stupikas besitzt. Viele Pagoden-Tempel gleichen von außen eher Festungen, innen aber findet man meist dunkle Galerien, die mit Buddhafiguren und Reliefs seiner Vorgeburtsgeschichten (Jatakas) ausgeschmückt sind.

Koethaung-Pagode (Pagode der 90 000 Buddhas), Mrauk U

Thailand

Erst im 11. Jahrhundert n. Chr. wanderten die Thai aus dem südchinesischen Raum in das Gebiet des heutigen Thailand ein. Sie bildeten dort Fürstentümer und Königreiche, die erst im 19. Jahrhundert zu einem Nationalstaat etwa in den heutigen Grenzen zusammenwuchsen. Die ursprünglich animistischen Thai begegneten in diesem Gebiet dem hinduistischen Shivaismus und dem Mahayana-Buddhismus der Khmer. Doch übernahmen sie von den Birmanen und Mon die Theravada-Schulrichtung des Buddhismus. Heute bekennen sich etwa 95 % der Bevölkerung zum Theravada-Buddhismus, im Süden gibt es eine muslimische Minderheit an der Grenze zu Malaysia. Obwohl der Buddhismus keine Staatsreligion ist, muss der König Buddhist sein – er steht als Schutzherr an der Spitze des Sangha, der buddhistischen (Mönchs-)Gemeinde. Der Buddhismus prägt das Land, überall finden sich buddhistische Tempel.

Lamphun – Wat Haripunchai

Das Volk der Thai ist von Norden aus langsam nach Süden vorgedrungen. Entsprechend sind auch die ältesten Thai-Reiche im Norden des heutigen Thailand zu finden – Bangkok, die heutige Hauptstadt, ist noch keine 250 Jahre alt. Im Norden findet man deshalb auch die ältesten Tempel von Thailand.

In der ca. 30 km südlich von Chiang Mai, der zweitgrößten Stadt Thailands, liegenden Kleinstadt Lamphun (auch Lamphoon) gibt es im Zentrum des Ortes die Klosteranlage (in Thai = Wat) Haripunchai. Zu dieser Ortsbezeichnung kommen die beiden Begriffe Phra, das »ehrenwert, heilig« bedeutet, und That, das auf eine Reliquie des Buddha hinweist. Der Ursprung dieses Klosters geht auf das Volk der Mon zurück – im Jahr 897 wurde über einer Reliquie des Buddha ein kleiner, nur 4 m hoher Ziegelstein-Stupa (in Thai Chedi) gebaut. Im 12. Jahrhundert wurde diese Mon-Anlage von ersten Thaifürsten zu einem Kloster ausgebaut, der Stupa vergrößert, weitere religiöse Gebäude hinzugefügt. Die heute sichtbare Form erhielt das Kloster im

15. Jahrhundert, nachdem der Hauptstupa vergrößert und vergoldet wurde.

Wat Phra That Haripunchai (Kloster der verehrenswerten Reliquie von Haripunchai), Lamphun

Heute steht im Zentrum des Klosters der 46 m hohe und in strahlendem Gold leuchtende Chedi, der die kostbare Reliquie beschützt. Doch es gibt in der Nordwestecke ein älteres Bauwerk, einen Stufen-Stupa aus Ziegelsteinen, der dem Mon-Stil nachgebildet ist und in seinen Nischen teilweise noch alte Buddhafiguren enthält: der Suwanna-Chedi (vgl. im Foto im Hintergrund, davor ist links die Ordinationshalle der Mönche, rechts befinden sich Klostergebäude).

Vor dem goldenen Chedi liegt die große für die buddhistischen Gläubigen bestimmte Versammlungshalle (Viharn Luang). Sie ist innen und außen mit leuchtend bunten Bildern geschmückt, die das Leben des Buddha in vielen Szenen darstellen, dazu die letzte seiner Vorgeburtsgeschichten, die Vessantara-Jataka. Diese Jataka berichtet von einem Prinzen, der aus Mitleid mit allen Lebewesen alles verschenkte. Außer diesen Gebäuden gibt es in dem großen Gelände weitere Klostereinrichtungen wie etwa das Bibliotheksgebäude oder eine Nachbildung des Weltenberges Meru. Erwähnenswert ist der aus dem Jahr 1864 stammende Bronzegong, der mit seinen 2 m Durchmesser zu den größten Asiens zählt.

Chiang Mai – Wat Doi Suthep

Die größte Stadt im Norden Thailands ist der etwa 200 000 Einwohner umfassende und kulturell wie historisch wichtige Ort Chiang Mai. Die Provinzhauptstadt wurde 1296 durch König Mengrai als Zentrum des alten Reiches Lanna (»Land der Millionen Reisfelder«) gegründet, Teile der Stadtmauer und der Wassergraben in quadratischer Form erinnern an die alte Geschichte der Stadt. Heute ist sie ein bedeutendes Wirtschaftszentrum und bekannt für ihr vielfältiges Kunsthandwerk. Doch geprägt ist der Ort von über 200 buddhistischen Tempeln und Klosteranlagen sowohl in der Altstadt wie auch in den umliegenden Gebieten. Die meisten stammen aus dem 15. Jahrhundert, der goldenen Zeit der Stadt.

Im Wat Doi Suthep, Chiang Mai

Im Zentrum der Altstadt liegt der Wat Phra Singh (»Tempel des ehrenwerten Löwen«), der bereits 1345 gegründet wurde und eine bedeutende Buddhastatue beherbergt. Für die Thais ist jedoch der Wat Chedi Luang von höherer Bedeutung, weil in diesem Tempel für einige Jahrzehnte das Nationalheiligtum, der Smaragd-Buddha, aufbewahrt wurde – heute steht dieser Jade-Buddha (Smaragd-Buddha wird er nur wegen seiner grünen Farbe genannt) in Bangkok im Wat Phra Keo neben dem Königspalast (vgl. Seite 78f.). In Wat Chedi Luang war ein 90 m hoher Chedi erbaut worden, der am Fuß von steinernen Elefanten getragen wurde. Dieser Chedi, der höchste der Stadt, wurde bei einem Erdbeben im Jahr 1545 zerstört, sodass heute nur noch eine ca. 60 m hohe Ruine sichtbar ist.

Außerhalb des Altstadtbezirkes ist vor allem der Tempel Doi Suthep von hoher Bedeutung – er ist das Wahrzeichen von Chiang Mai. Wat Doi Suthep liegt an einem 1676 m hohen bewaldeten Berg ca. 15 km nordwestlich der Stadt, sein achteckiger und mit vergoldeten Bronzeplatten bedeckter Chedi ragt 16 m hoch über der Klosteranlage auf und ist bei günstigem Wetter von Chiang Mai aus zu sehen – umgekehrt hat man vom Wat eine gute Sicht auf Chiang Mai.

Der Tempel kennt eine Gründungslegende, die allerdings so ähnlich auch an anderen Orten in Südostasien erzählt wird. Demnach wollte ein Mönch eine Reliquie des Buddha von Sukothai aus an einen anderen Ort bringen. Dazu band man den kleinen Reliquienschrein auf dem Rücken eines weißen Elefanten fest und ließ diesen frei. Der Elefant suchte sich selbst seinen Weg auf den Suthep-Berg und ließ sich erschöpft ein wenig unter der Spitze des Berges nieder. Damit hatte man den Ort des neu zu erbauenden Klosters gefunden. Statuen eines weißen Elefanten und eines Eremiten erinnern heute im Kloster an diese Erzählung.

Im Wat Doi Suthep, Chiang Mai

Jetzt führt eine große Naga-Treppe zum Tempel – eine Treppe mit Schlangen-(Naga-)Geländer. Um den kostbar geschmückten Chedi gibt cs cinen schmalen Wandelgang, den die Gläubigen mit Gaben für den Buddha im Uhrzeigersinn umschreiten. Hinzu kommen verschiedene Klostergebäude, Nebentempel, vergoldete Ehrenschirme und viele andere Sehenswürdigkeiten. Zudem wird das Kloster nicht nur von Touristen, sondern auch von vielen buddhistischen Gläubigen besucht, die aus dem ganzen Land hierher pilgern, um den Buddha zu ehren und um Hilfe in verschiedenen Lebenslagen zu bitten.

Sukothai – das Goldene Zeitalter

Im Jahr 1991 wurde die alte Stadt Sukothai zusammen mit dem benachbarten Ort Sri Satchanalai und dem Ort Kamphaeng Phet (vgl. Seite 74f.) zum Weltkulturerbe erklärt. Die Mitte Thailands bildete im 13. und 14. Jahrhundert das Königreich Sukothai. Diese Zeit wird als das Goldene Zeitalter Thailands und der thailändischen Kultur angesehen; das Sukothai-Reich umfasste in etwa das Gebiet des heutigen Thailand und ist damit das erste große Reich der Thais, das die vielen kleineren Fürstentümer ablöste. Der Aufstieg Sukothais wurde möglich, als das bis dahin vorherrschende Reich der Khmer (Angkor, vgl. Seite 98f.) schwächer wurde. So konnte 1238 der von Angkor abhängige Gouverneur Khun Bang Klang Thao, ein Thai, ein unabhängiges Königreich Sukothai ausrufen.

Dieses Reich gewann schnell Einfluss über die Region hinaus. Besonders König Ramkhamhaeng (1279–1298) zeigte sich als gerechter Herrscher, der den aus Burma kommenden Theravada-Buddhismus nach Kräften förderte. Zudem lud er auch Mönche aus Sri Lanka ein, um die reine Lehre Buddhas in seinem Reich durchzusetzen. Mit dem Lanna-Reich von Chiang Mai und dem weiter östlich gelegenen Reich von Phayao schloss Ramkhamhaeng Bündnisse.

Wat Mahathat (Tempel der großen Reliquie), Sukothai

Über etwa einhundert Jahre wurde die Königsstadt Sukothai mit Palästen, vor allem aber großen Tempelanlagen ausgebaut. Diese sind zum größten Teil gut erhalten. Das Ende Sukothais kam bereits im Jahr 1378, als das neue Reich Ayutthaya (vgl. Seite 76f.) den Norden eroberte und Sukothai zu einem Vasallen machte.

Im Zentrum der von Mauern umgebenen etwa 4 km^2 großen inneren Stadt liegt der Königspalast Ramkhamhaengs und daneben der zentrale Tempel Wat Mahathat (Tempel der großen Reliquie). Die meisten der etwa 20 weiteren Tempel innerhalb der Mauern sind in einem eigenen Stil, dem Sukothaistil, gestaltet, doch Wat Si Sawai war bereits früher als Khmer-Tempel für den hinduistischen Gott Shiva (Sawai = Svaya = Shiva) gegründet worden und besteht aus drei Türmen im typischen Khmerstil Angkors. Außerhalb der Stadtmauern gibt es eine ganze Reihe weiterer bedeutender Tempelanlagen, Wat Si Chum ist die wichtigste unter ihnen. In dem nach vorn offenen Tempelgebäude sitzt eine riesige Buddhafigur, der Phra Atchana.

Etwa 50 km nördlich von Sukothai befindet sich die Schwesternstadt Sri Satchanalai, die jeweils von einem Sohn des Königs von Sukothai regiert wurde. Über mehrere Hügel verstreut liegen Tempelanlagen; der von steinernen Elefanten getragene und in den Nischen mit vielen Buddhas geschmückte Chedi des Wat Chang Lom (in Thai »Tempel, von Elefanten umgeben«) ist das größte dieser Gebäude.

Wat Chang Lom, Sri Satchanalai

Phitsanulok – Wat Phra Si Ratana Mahathat

Östlich von Sukothai am Fluss Nan liegt die Stadt Phitsanulok (in Thai »Ort des Vishnu«), ein Verkehrsknotenpunkt in Zentralthailand mit ca. 100 000 Einwohnern. Heute ist Phitsanulok eine eher gesichtslose Stadt, sie kann aber auf eine lange Geschichte zurückblicken: Nur wenige Kilometer nördlich des heutigen Stadtzentrums hatte das Khmer-Reich von Angkor einen vorgeschobenen Stützpunkt mit Namen Song Khwae errichtet, der im 11. Jahrhundert zu einem größeren Ort ausgebaut wurde, weil er geschützt zwischen zwei Flüssen lag, dem Nan und dem Khwae. Phitsanulok wurde zum nordwestlichen Eckpunkt der Khmer, die die kleine Stadt als Einfallstor in den Norden Thailands ansahen.

Im 13. und 14. Jahrhundert war die Stadt eine Provinz des Sukothai-Reiches, doch verlor sie gegenüber der Zeit der Khmer an Bedeutung, weil sie nun kein vorgeschobener Außenposten mehr war, sondern eine von vielen Städten nahe der Hauptstadt Sukothai. Das änderte sich, als das Königreich von Ayutthaya (vgl. Seite 76f.) stärker wurde und sich nach Norden hin ausbreitete. Nun wurde Phitsanulok wieder strategisch wichtig, besonders als Sukothai im Jahr 1378 an Ayutthaya fiel und teilweise zerstört wurde; Ayutthaya beherrschte von Phitsanulok aus den Norden Thailands. Diese Bedeutung wurde dadurch verstärkt, dass im 15. Jahrhundert der Königshof von Ayutthaya für mehrere Jahrzehnte nach Phitsanulok zog, um so in der Nordhälfte des Reiches stärker präsent zu sein. Nachdem Ayutthaya 1767 durch die Burmesen zerstört wurde, ergriff ein Mönch in Phitsanulok die Macht, doch er wurde

Phra Phutta Chinnarat im Wat Mahathat, Phitsanulok

schon bald von König Thaksin vertrieben, der in Thonburi (heute der westlich des Flusses Menam Chao Phraya gelegene Stadtteil von Bangkok) das Nachfolgereich von Ayutthaya gründete.

Die wechselvolle Geschichte der Stadt zeigt sich in ihren Tempeln, besonders im Haupttempel am Fluss Nan: dem Wat Mahathat, oder genauer dem Wat Phra Si Ratana Mahathat (»Tempel der großen Juwelen-Reliquie«), auch Wat Yai (»Großer Tempel«) genannt. Der Tempel wurde im Jahr 1357 vom Sukothai-König Lithai gegründet, doch vor allem in der Ayutthaya- und Bangkok-Zeit weiter ausgebaut. König Naresuan von Ayutthaya (Regierungszeit 1590–1605) ließ die Haupttempelhalle so bauen, wie sie sich heute zeigt. Aber auch die Bangkok-Könige Chulalongkorn und Bhumibol förderten die weite Klosteranlage.

Bau des Wat Mahathat in Phitsanulok: König Naresuan gibt Anweisungen (Tempelbild)

Kostbarster Schatz des Tempels und deshalb Wallfahrtsziel für Thais aus dem ganzen Land ist das Buddhabildnis Phra Phutta Chinnarat (in Thai: »Buddha, Herr des Sieges«), das in der Sukothai-Zeit gefertigt wurde und nach dem Smaragd-Buddha in Bangkok (vgl. Seite 78f.) das Bildnis des Buddha in Thailand ist, das am meisten verehrt wird. Eine Kopie dieses Buddha steht deshalb auch im Wat Phra Keo in Bangkok.

Das Tempelgebäude (Viharn), das den kostbaren Buddha beherbergt, ist innen wie außen geschmückt. Die mit Gold auf Schwarz bedruckten Wände geben dem Raum und dem zentral stehenden Buddha eine mythische Atmosphäre. Die Eingangstüren aus dem Jahr 1756 sind mit herausragenden Perlmuttarbeiten versehen, das Tempeldach wie bei Thai-Tempeln üblich mit farbig glasierten Dachpfannen in Gelb, Grün und Rotbraun. Hinter dem Tempel befindet sich ein Prang, ein Stupa im Khmer-Stil, der Reliquien des Buddha enthält. Auf dem Tempelgelände gibt es weitere Klostergebäude, dazu ein Museum, das herausragende Stücke der Sukothai-Periode zeigt. Auch finden – einem Kirchweihfest in Europa gleich – jedes Jahr im Oktober eine Verkaufsmesse rund um den Tempel und ein Drachenbootrennen auf dem Nan-Fluss statt.

Kamphaeng Phet – Waldtempel

Die 1347 gegründete Stadt Kamphaeng Phet am Ping-Fluss war wie Phitsanulok eine Provinzhauptstadt des Sukothai-Reiches. Heute wird die kleine Stadt kaum besucht, doch sind die archäologischen Stätten sowohl innerhalb der alten Stadtmauern wie besonders nördlich in den ausgedehnten Wäldern von besonderem Reiz, weil hier eine große Ruhe herrscht, sodass man sich das Leben der in die Einsamkeit zurückgezogenen Mönche vorstellen kann. Das alte Zentrum besitzt verschiedene Tempelruinen – in einer davon, dem Wat Phra Keo, wurde über kurze Zeit der heute im gleichnamigen Tempel in Bangkok aufbewahrte Smaragd-Buddha verehrt – das Nationalheiligtum der Thais. Bedeutender aber als die Stadttempel sind die Tempel in den Wäldern – Aranyik-Tempel genannt (Aranyik = zum Wald gehörend). Hierhin zogen sich Theravada-Mönche in die Einsamkeit zurück, um durch intensive Meditation aus eigener Kraft zur Erleuchtung und damit zum Nirvana zu kommen.

Mönche: Mönche prägen das Bild des Buddhismus besonders in den theravada-buddhistischen Ländern. Das liegt vor allem an der Theravada-Lehre, die besagt, dass allein ein Mönch das Nirvana erreichen kann und alle anderen zuerst wiedergeboren und als Mönch gelebt haben müssen, bevor sie aus dem Kreislauf des Leidens ausbrechen und das Nirvana erreichen können. Deshalb wird das Mönchtum in viel stärkerem Maß als im christlichen Raum geachtet und gefördert. Theravada-Buddhismus ist Mönchsreligion – für den Mahayana-Buddhismus gilt dies nur teilweise, da hier auch Laien zur Erleuchtung und zum Nirvana kommen können. Der Vajrayana-Buddhismus betont in anderer Weise den Vorrang der Mönche, der Lamas. Die Mönche leben heute gemeinhin in Klostergemeinschaften zusammen, doch zur Zeit des Buddha waren sie (meist zu zweit) wandernde Eremiten. Auch heute gibt es Mönche, die sich aus dem Betrieb der oft großen Klöster und Städte in die Einsamkeit des Waldes zurückziehen – dies sind die Aranyik-, die Wald-Mönche.

Wat Phra Singh, Aranyik-Wald-Tempel, Kamphaeng Phet

Ayutthaya – Wat Yai Chai Mongkol

Einer der Höhepunkte jeder Thailand-Reise ist der Besuch der etwa 70 km nördlich von Bangkok liegenden Königsstadt Ayutthaya. Von 1350 bis 1767 war Ayutthaya die Hauptstadt eines großen Thai-Reiches, das damals Siam genannt wurde, insgesamt 417 Jahre mit 33 Königen. Das ist die längste Herrschaftszeit in der Geschichte Thailands – die Ayutthaya-Periode ist nach Sukothai die Blütezeit Thailands. Erst nach der Zerstörung der Königsstadt durch den Ansturm der Burmesen 1767 wurde das weiter südlich gelegene Bangkok als neue Hauptstadt gegründet (vgl. Seite 78f.).

Anders als in Sukothai und Kamphaeng Phet sind die archäologischen Stätten der Stadt nicht gesondert angelegt, sondern zwischen Geschäfts-und Wohnvierteln verborgen. Die Fülle der aktiven Tempelanlagen und auch der archäologischen Stätten von Palästen und Tempeln erfordert ein mehrtägiges Besichtigungsprogramm, um nur die wichtigsten Stellen zu sehen; die oft von Bangkok aus mit dem Boot angebotenen Halbtagestouren bieten nicht mehr als eine erste Ahnung dieses UNESCO-Weltkulturerbes (seit 1991).

Ayutthaya ist von Wasser umgeben, von Thailands zentralem Fluss (Menam) Chao Phraya, vom Menam Lopburi und vom Menam Pasak. Innerhalb dieser Wasser»befestigung« liegt die eigentliche Stadt mit Palästen und zahlreichen Tempeln. Außerhalb gibt es weitere bedeutende Tempel.

Unter diesen ragt der im Osten gelegene Wat Yai Chai Mongkol heraus (vgl. die drei Bilder auf Seite 77), auch Mongkhon genannt. Schon 1357 wurde hier der erste buddhistische Tempel der Stadt gegründet, um Thai-Mönche aufzunehmen, die in Sri Lanka ausgebildet worden waren. Deshalb wurde diese Klosteranlage auch Sitz des buddhistischen Patriarchen von Thailand (heute Residenz im Wat Bowonniwet Viharn in Bangkok). Das weiträumige Kloster wird beherrscht von einem 62 m hohen Chedi, den man bis zu einer rundlaufenden Plattform besteigen kann. Von dort hat man einen guten Überblick über die Buddhagalerien, die den Chedi umgeben – insgesamt sind es 135 Buddhastatuen. Dieser Chedi wurde 1592 von König Naresuan erbaut, um an seinen Sieg über die Burmesen zu erinnern. Chedi und Kloster sind von einem gepflegten Park umgeben.

In der Innenstadt von Ayutthaya sind die bedeutendsten Stätten (von Westen nach Osten):

- Wat Lokayasutha mit seinem 29 m langen liegenden Buddha;
- der großzügig angelegte Königspalast mit Empfangshallen, Zeremonienhallen und privaten Palastteilen;
- nebenan der Königstempel Wat Phra Si San Phet, Ort wichtiger religiöser Riten, die der König als Schutzherr des Buddhismus durchführte (ähnlich in Bangkok: Königspalast und Wat Phra Keo);
- die Klosterhalle Viharn Phra Mongkol Bophit mit dem größten Bronzebuddha des Landes (heute eine 1991 vergoldete Replik des Buddha aus dem 16. Jahrhundert);
- der weitläufige Wat Mahathat, bereits 1374 gegründet und heute in weiten Teilen eine Ruine des ehemals 44 m hohen Prang (Stupa im Khmer-Stil) – in dem umliegenden Park findet man im Wurzelwerk eines Baumes eingewachsen einen Buddhakopf, der bei der Zerstörung Ayutthayas übrig blieb;
- nebenan den Wat Ratburana, der als Erinnerungsstätte für einige Ayutthaya-Könige diente – in seinem Prang wurden 1958 ein Goldschatz und ein goldener Buddha entdeckt.

Im Wat Yai Chai Mongkol, Ayutthaya

Bangkok – Wat Phra Keo

Anders als andere asiatische Hauptstädte und Großstädte hat Bangkok mit seinen heute offiziell ca. 9 Millionen Einwohnern (im Großraum ca. 17 Millionen) keine lange Geschichte. Die Geschichte der Thais beginnt im 11. Jahrhundert mit Fürstentümern im Norden, dann folgen die Königreiche Lanna (Chiang Mai), Sukothai und Ayutthaya. Erst als Ayutthaya 1767 von den Burmesen zerstört wurde, verlegte General, später König Taksin 1772 die Hauptstadt in das weiter südlich gelegene und deshalb sicherere Gebiet am Fluss Chao Phraya in die westlich des Flusses gelegene Kleinstadt Thonburi. Zehn Jahre später ließ sein Nachfolger, König Rama I., der Begründer der bis heute regierenden Chakri-Dynastie, den Regierungssitz mit dem Königspalast auf der östlichen Seite des Flusses neu bauen.

In der Flussbiegung ist das alte Bangkok mit Königpalast, Wat Phra Keo, dem davor liegenden Platz Sanam Luang und weiteren Tempeln gut zu erkennen. Im Osten wird dieser älteste Teil der Stadt – ähnlich wie in Ayutthaya – von einem Kanal gesichert. Bedeutende Tempel außer dem Wat Phra Keo mit dem Smaragd-Buddha sind in diesem Bereich Wat Po (auch Pho oder Phra Chetuphon genannt) mit seinem 45 m langen liegenden Buddha und einer Fülle von Prangs und Chedis, die mit buntem Glas verkleidet sind. Auch Wat Mahathat ist von Bedeutung, weil hier 1788 von König Rama I. das fünfte buddhistische Konzil einberufen wurde, bei dem die Mönche die Tripitaka (den Dreikorb der Reden des Buddha) revidierten und ins Thai übersetzten. Heute ist das weitläufige Gelände von Wat Mahathat eine buddhistische Hochschule mit landesweiter Bedeutung.

Neben den explizit buddhistischen Stätten im ältesten Teil Bangkoks gibt es hier auch den Lak-Muang-Schrein unmittelbar neben dem Wat Phra Keo. Hier bringen die Gläubigen dem Schutzgeist der Stadt Gaben dar, der animistische Glaube an Geister (in Thai »Phi«) ist hier wie an vielen anderen Orten Thailands sichtbar. In diesem Schrein steht auch eine Säule, die den Grundstein der Stadt markiert und als Punkt Null für alle Kilometermessungen in Thailand dient.

Neben diesen Stätten gibt es über ganz Bangkok verteilt eine Fülle buddhistischer Tempel, die mit Klöstern verbunden sind und die von den Gläubigen häufig besucht werden.

Der Smaragd-Buddha: Der Phra Keo ist Nationalheiligtum und Nationalschatz von Thailand. Die 66 cm hohe grünlich schimmernde Statue ist kein Smaragd, sondern aus grüner Jade gefertigt. Er sitzt im doppelten Lotossitz und hält die Hände in der Meditations-Mudra. Heute ist sein Platz im königlichen Tempel Wat Phra Keo neben dem Königspalast in Bangkok. Dieser Tempel ist kein Kloster, es gibt keine Mönche darin. Wohl aber wurde und wird der ab 1782 erbaute Tempel für königliche Rituale genutzt – der König als Schutzherr des Buddhismus in Thailand und als Garant des Wohls seines Landes. So wechselt der König dreimal im Jahr entsprechend den Jahreszeiten die Gewänder des Buddha; es gibt eigene Gewänder für die Regenzeit, die kühle Jahreszeit und die heiße Jahreszeit. Der Smaragd-Buddha wird von vielen Thais verehrt, die von ihm Schutz und Hilfe erwarten. Der Legende nach soll er von den Hindu-Göttern Indra und Vishnu erschaffen worden sein. Im Jahr 1434 wurde er in einem durch einen Blitz zerstörten Chedi in der nordthailändischen Stadt Chiang Rai entdeckt, gelangte von dort aus zuerst nach Lampang, dann nach Chiang Mai (Wat Chedi Luang, vgl. Seite 68f.). Über die laotischen Orte Luang Prabang und Vientiane kam er nach Ayutthaya und Bangkok.

Im Wat Phra Keo, Bangkok

Laos

Die Lao, das Hauptvolk im Binnenstaat Laos, sind zusammen-mit den Thai (Thailand) und den Shan (Myanmar) eine Gruppe der Tai-Völker, hinzu kommen aber noch ca. 50 weitere Ethnien im insgesamt nur 7 Millionen großen Volk. Ein großer Teil der Lao lebt auch in Nordostthailand (Issan); Thai und Lao können sich sprachlich verständigen. Die Bevölkerung von Laos wird in drei Gruppen eingeteilt: Die Tiefland-Laoten sind Tai, die Ethnien im mittleren Bergland gehören zur Mon-Khmer-Gruppe, die Bergland-Laoten sind dagegen als sinotibetische Völker aus dem Norden eingewandert (Yao, Mien, Hmong ...). Während einige Bergstämme noch stark von animistischer Religiosität geprägt sind, ist die Hauptreligion in Laos der Theravada-Buddhismus. Überall gibt es eine Fülle von buddhistischen Tempeln; auch ist es – wie in Thailand – Brauch, dass junge Männer für einige Zeit im Tempel als Novize bzw. Mönch leben.

Pak Ou – die Buddha-Höhlen

Fährt man von der Königsstadt Luang Prabang (vgl. Seite 82f.) auf dem Mekong 25 km flussaufwärts, so gelangt man zur Einmündung des Flusses Pak Ou. Auf der gegenüberliegenden Seite befinden sich in einer Kalksteinwand zwei Höhlen, die untere Tham Thing und die über steinerne Treppen zugängliche obere Tham Phum. Beide Höhlen sind nur mit dem Boot erreichbar und werden meist vereinfacht Pak Ou genannt – dies ist einer der wichtigsten Pilgerorte in Laos.

Die Höhlen wurden bereits in sehr früher Zeit noch vor Einwanderung der Lao als heiliger Ort für die Verehrung von Geistern (in Thai und Lao: Phi) genutzt; ein Flussgeist wurde beschworen, um sich gegen Überschwemmungen durch den Mekong zu schützen. Etwa ab dem 8. Jahrhundert kommen auch Lao hierhin, die in dieser Zeit von Myanmar aus allmählich zum Buddhismus bekehrt wurden. Doch erst im 16. Jahrhundert gewannen die Höhlen an kultischer Bedeutung, als König Setthathirat (1548–1571) sie unter königlichen Schutz stellte und einen Tempel einrichten ließ.

Buddhas in der Tham-Thing-Höhle, Pak Ou, bei Luang Prabang am Mekong

Ab dem 17. Jahrhundert kamen laotische Gläubige verstärkt in den Höhlentempel der unteren Höhle (die 200 m höher gelegene obere Höhle ist von geringerer Bedeutung, sie war Wohnort von Eremiten) – dies besonders zu Neujahrsfeierlichkeiten. Die Gläubigen brachten Skulpturen des Buddha mit, meist aus Holz geschnitzt, dann mit einer schwarzen oder roten Lackschicht überzogen und oft am Ende des Herstellungsprozesses vergoldet. Es gibt aber auch aus Ton gebrannte oder aus Bronze gegossene Buddhas. Während des Indochina-Krieges brachten die Ortsansässigen zudem private Buddha-Figuren in die Höhle, um sie vor Zerstörung zu schützen. Insgesamt sollen Anfang der 1970er Jahre ca. 5000 Buddhas in der Tham Thing gestanden haben, heute sind es (nach zahlreichen Diebstählen) noch etwa 2500. Besucher kommen mit Kerzen und Opfergaben, um an diesem Ort den Buddha zu ehren.

Die Buddhafiguren zeigen meist zwei Ausdrucksweisen: Der sitzende Buddha hält die rechte Hand zur Erde zeigend – dies erinnert daran, dass er vor seiner Erleuchtung die Erdgöttin als Zeugin seiner Verdienste angerufen hat. Der stehende Buddha, die Hände abwärts, oft mit einem Mantel bekleidet, ist eine laotische Besonderheit: Es ist der Buddha, der Regen spendet und den man für Regen anruft.

Luang Prabang – die Tempelstadt

Die beschauliche Stadt Luang Prabang, auf einer Halbinsel zwischen dem hier nordwärts fließenden Mekong und dem Fluss (Nam) Kham gelegen, war nicht nur in der Geschichte der Laoten die wichtigste Stadt und Sitz des Königs, sie ist auch heute die heimliche Hauptstadt, vor allem aber das kulturelle und religiöse Zentrum des Landes. 1353 wurde von einem am Khmer-Hof in Angkor erzogenen laotischen Prinzen, Fa Ngoum, das Reich Lane Xang Hom Khao (Reich der Millionen Elefanten und des weißen Schirms) gegründet mit Luang Prabang als Hauptstadt. Auch wenn die Hauptstadt des Reiches 1560 aus militärischen Gründen (besserer Schutz gegen die von Westen vorrückenden Burmesen und Thais) nach Vientiane verlegt wurde, kam es im 17. Jahrhundert zu einer erneuten Blüte der Stadt. Im 18. Jahrhundert wurde Laos in drei Königreiche geteilt, neben Vientiane in der Mitte und Champasak (Pakse) im Süden war Luang Prabang das Reich des Nordens.

Heute ist die kleine Stadt mit ca. 50 000 Einwohnern geprägt vom Theravada-Buddhismus, den Fa Ngoum stark gefördert hatte. Überall gibt es buddhistische Tempel, etwa 3000 Mönche (ca. 6 % der Bevölkerung) leben in den Klöstern. Sie bilden frühmorgens ein faszinierendes Bild, wenn sie schweigend und in langer Schlange durch

Vat Xieng Thong, Luang Prabang

die Straßen der Altstadt ziehen und die einheimische Bevölkerung ihnen Lebensmittel in ihre Schalen legt.

Die Stadt hat ihren Namen von einer Buddhafigur erhalten, die bei der Reichsgründung im 14. Jahrhundert vom König von Angkor als Geschenk in die Hauptstadt des neuen Reiches kam. Luang heißt in den Thai-Sprachen »Stadt«, der Prabang (Phra Bang) ist der verehrenswerte Buddha, der seit drei Jahren in einem neu erbauten Tempel Vat (in Thai: Wat) Phra Bang vor dem ehemaligen Königspalast einen neuen und würdevollen Platz gefunden hat.

Unter den vielen, teilweise auch sehr alten Tempeln der Altstadt ragt der 1560 erbaute Vat Xieng Thong an der Spitze der Halbinsel hervor – dies ist der Stadttempel, der nicht nur der größte Tempelbezirk ist, sondern auch der bedeutendste und wohl der schönste. Die laotische Architektur zeigt mehrfach gestaffelte Dächer, die bis fast auf den Boden heruntergezogen sind. Innen werden goldene Buddhas vor schwarz-golden bemalten Wänden verehrt. Auch gibt es verschiedene kleine Tempel außerhalb der Haupthalle (Sim), dazu Stupas, die Bibliothek, einen Bodhibaum und anderes mehr.

Auch die anderen Tempel der Stadt lohnen einen Besuch: Vat Mai (Souvannaphoumaham) etwa, 1796 gegründet, das Königliche Kloster, zeigt die typischen Gebäude eines Theravadaklosters: Chedi (Stupa, laotisch That), Statuenhaus (Sim), Bibliothek, dazu Trommelturm und Mönchsunterkünfte.

Vat Phra Bang (vor dem Königspalast), Luang Prabang

Vientiane – Vat That Luang und Vat Ho Phra Keo

Die heutige Hauptstadt von Laos ist Vientiane, eine trotz inzwischen ca. 350 000 Einwohnern beschauliche Stadt am Mekong und damit an der Grenze zu Thailand gelegen. 1560 wurde Vientiane Hauptstadt, als der bedeutende König Setthathirat (1548–1571) wegen des Ansturms der Burmesen Luang Prabang als Hauptstadt aufgab. Ab 1707 wurde Vientiane zu einem der Lao-Reiche, ab 1887 französisches Protektorat. Nach dem Zweiten Weltkrieg wurde Vientiane Hauptstadt des neuen Königreiches, der Königshof aber blieb bis zum Ende der Monarchie 1975 in Luang Prabang.

Die Stadt besitzt – anders als Luang Prabang – nicht viele Sehenswürdigkeiten und nur eine beschränkte Zahl von buddhistischen Tempeln. Unter diesen ragt der nordöstlich des Zentrums gelegene Vat Phra That Luang (»Tempel der königlichen Reliquie« oder »Tempel der ehrwürdigen Stupa«) und der Vat Ho Phra Keo heraus.

Der Vat Phra That Luang geht auf ein vorlaotisches Heiligtum der Mon zurück. Demnach soll der indische Kaiser Ashoka bereits im 3. Jahrhundert vor der Zeitenwende Reliquien des Buddha an diesen Ort gesandt haben. Später errichteten die Khmer dort über der heiligen Reliquie, dem Brustbein des Buddha, einen Tempel, als sie von Angkor aus Einfluss auf das nördliche Gebiet nahmen. Der jetzige 45 m hohe Stupa in Form einer stilisierten Bananenblüte stammt aus dem Jahr 1566, also aus der Zeit von König Setthathirat unmittelbar nach der Verlegung der Hauptstadt nach Vientiane.

Buddhafiguren im Vat Ho Phra Keo, Vientiane

Der große Stupa steht auf drei mit steinernen Lotosblütenblättern geschmückten Terrassen; auf der obersten Terrasse finden sich 30 Stupikas (Miniaturstupas). Um den Stupa zieht sich eine nach innen hin offene Wandelhalle, die verschiedene Buddhastatuen beherbergt. Diese Hallen durchschreitet man rituell zuerst im Uhrzeigersinn, bevor man nacheinander die drei Terrassen ebenfalls im Uhrzeigersinn betritt und schließlich zum eigentlichen Stupa gelangt.

Um den königlichen Stupa waren in den vier Himmelsrichtungen ursprünglich vier Tempelanlagen errichtet worden, um so die Ausbreitung des Buddhismus in alle Richtungen zu verdeutlichen. Von diesen Tempeln sind heute nur noch der Nordtempel und der Südtempel erhalten.

Vat That Luang, Vientiane

Vat Ho Phra Keo wurde 1565 erbaut, als der Smaragd-Buddha (vgl. Seite 79) aus Thailand für einige Zeit nach Laos kam – erst 1779 kehrte dieser Buddha nach Thailand in den Wat Phra Keo des neu gegründeten Bangkok zurück. Heute ist dieser Vat kein aktives Kloster mehr, sondern wird als Museum genutzt, um Buddhafiguren aus dem ganzen Land in einem angemessenen Umfeld aufzubewahren. Der Tempel ist das Museum der nationalen Kunstschätze.

Unter den weiteren Tempeln der Stadt sind erwähnenswert:

- Der 1818 erbaute Tempel Vat Sisaket ist der älteste Tempelbau der Stadt, der die Zerstörungen durch die Thais im Jahr 1827 überstanden hat. In den Wandelgängen rund um die Haupthalle waren ursprünglich über 9000 Buddhas aufgestellt bzw. in den Stuck der Wände eingearbeitet. Außerdem zeichnet sich Vat Sisaket durch Wandgemälde und eine reich geschmückte Bibliothek aus.
- Die Gründungslegende des Vat Inpeng sagt aus, dass der Gott Indra (»In«) den Bau errichtet (»peng«) hat.
- Von den Laoten wird vor allem der Vat Si Muong besucht, in dem die Stadtsäule aufgestellt ist. Der Tempel wurde 1560 erbaut, aber wie die anderen Tempel der Stadt 1827 zerstört und in den letzten Jahren restauriert und erweitert.

Pakse – Vat Phou

Die südlichste Provinz von Laos, die Provinz Champasak, mit den Kaffeeplantagen des 1000 m hohen Bolaven-Plateaus und dem Tiefland des Mekong mit seinen weit verzweigten Armen (Siphandone = 4000 Inseln) und dem Mekong-Wasserfall Khong Phapheng, ist kultur- und religionsgeschichtlich ein Grenzland, in dem die Einflüsse sowohl der alten Cham-Völker aus dem südvietnamesischen Bereich, der Mon-Khmer-Völker wie auch der Tai-Kadai-Völker aufeinandertrafen. Vor allem aber war hier der Einfluss der Khmer-Hauptstadt Angkor (vgl. Seite 98f.) von Bedeutung, der zuerst hinduistisch, dann buddhistisch geprägt war.

Dies wird auch an der Geschichte des wichtigsten Tempels im Süden deutlich, dem Vat Phou. Der einsam an einer Bergflanke liegende und nur über viele Treppen von der Mekong-Tiefebene erreichbare Tempel war ursprünglich ein shivaitisch-hinduistisches Heiligtum, weil hinter dem Tempelgelände ein phallusförmiger Berg aufragt, der an den Lingam erinnert, das Symbol des großes Gottes Shiva.

Die Khmer breiteten sich bereits in ihrer frühen Zeit (Zhenla-Reich im 6. Jahrhundert) nach Norden hin aus. So gab es eine Straße vom Kerngebiet der Khmer rund um den Tonle-Sap-See (Angkor) bis zum hinduistischen Heiligtum, das auch als Berg Meru und damit Sitz des Gottes Indra angesehen wurde. Eine Stele, die bei Ausgrabungen einer Fürstenstadt nur wenig von Vat Phou entfernt gefunden wurde, erinnert an diese frühe Khmer-Zeit.

Aus dieser Zeit stammen auch die ältesten Teile von Vat Phou, dem »Bergtempel«. Sie wurden allerdings in der Blütezeit von Angkor (9.–13. Jahrhundert) immer wieder erweitert und restauriert. Später förderten die laotischen Könige den nun buddhistischen Tempel – 2003 wurde er Weltkulturerbe. Der Tempelbezirk erstreckt sich über ca. 1,5 km den Berghang aufwärts von Ost (Mekong-Tal) nach West (den Berg »Meru« hinauf). Eine gepflasterte Prozessionsstraße führt aufwärts, sie ist gesäumt von unterschiedlichen Gebäuden, die Paläste genannt werden, aber religiösen Zwecken dienten (etwa als Bibliothek oder auch als Ruheräume für bedeutende Pilger). Diese Paläste sind aus Laterit und Sandstein errichtet und mit schönen Reliefs geschmückt – Vorboten der Khmer-Reliefs in Angkor.

An steinernen Wächtern (Dvarapalas) vorbei geht es zu den oberen Ebenen, wo die eigentlichen Tempelgebäude liegen. Auf der dritten Ebene steht das zentrale Heiligtum aus dem 11. Jahrhundert, das heute mehrere Buddhafiguren aus späterer Zeit enthält, aber ursprünglich dem hinduistischen Gott Shiva geweiht war. Der Bau ist im typischen Khmer-Stil erbaut mit Kragdächern und durch Säulen geschützten Fenstern. Aus einer unmittelbar hinter dem Tempel entspringenden heiligen Quelle wurde in der hinduistischen Zeit Wasser über den Shiva-Lingam geleitet – Wasser aus dem heiligen Berg Meru. Der Bau selbst ist mit vielfältigen Figuren und Reliefs meist hinduistischer Götter (Brahma, Vishnu, Shiva) geschmückt.

Buddhas im Vat Phou

In der Nachbarschaft des Tempels befinden sich auffallend geformte Steine, die aufgrund ihrer Form Elefantenstein, Krokodilstein und Schlangenstein genannt werden. Im Tal liegen vor der Prozessionsstraße Wasserbecken zur Versorgung der Pilger in Trockenzeiten.

Vat Phou

Kambodscha

Das mit ca. 15 Millionen Einwohnern vergleichsweise kleine Land war Einflüssen von Thailand und Vietnam ausgesetzt. Doch in der Blütezeit der Stadt Angkor (9.–13. Jahrhundert) war das Khmer-Reich von Angkor die beherrschende Macht in Südostasien. Schon zuvor gab es im Gebiet des heutigen Kambodscha die bedeutenden Reiche Chenla und Funan. Die Religion Kambodschas war nach animistischen Anfängen (Besiedlung seit dem 5. Jahrhundert v. Chr.) ursprünglich der Hinduismus. Um 1200 erfolgte eine Konversion zum Mahayana-Buddhismus, der besonders von König Jayavarman VII. von Angkor (Regierungszeit 1181–1219) gefördert wurde, dem Erbauer der Stadt Angkor Thom mit dem Bayon-Tempel (vgl. Seite 98f.). Im 14. Jahrhundert wurde der Theravada-Buddhismus vorherrschend, der auch heute, nach der Verfolgungszeit der Roten Khmer, wieder Staatsreligion ist.

Udong – Pagoden auf dem Berg

Die Blütezeit Angkors war zu Beginn des 14. Jahrhunderts vorbei, als im benachbarten Thailand im Jahr 350 das Reich von Ayutthaya (vgl. Seite 76f.) gegründet wurde. In der Folge gerieten nicht nur die nordthailändischen Königreiche von Sukothai (vgl. Seite 70f.) und Lanna (Chiang Mai, vgl. Seite 68f.) in die Abhängigkeit von Ayutthaya, auch der Druck auf das östliche Nachbarreich der Khmer wurde größer. Im Jahr 1431 wurde Angkor von Ayutthaya erobert, die Stadt zerfiel in der Folge.

Der letzte König von Angkor, Chao Ponhea Yat, errichtete eine neue Königsstadt weiter östlich am Zusammenfluss von Mekong und Tonle Sap – dies ist heute die Stadt Phnom Penh (vgl. Seite 94f.). Doch auch hier blieb der Königshof nur bis 1620. Dann wurde die Hauptstadt des nun stark geschrumpften Khmer-Reiches in das ca. 40 km entfernte Udong nordwestlich von Phnom Penh verlegt. Dort erlebte das nun kleine Khmer-Reich eine weitere kulturelle und religiöse Blüte – die zahlreichen Bauwerke von Udong künden davon.

Die Stupas: Mak, Tray, Damrei und Preah, Udong

Politisch blieb Udong von Siam (Thailand mit Ayutthaya) und Vietnam abhängig. Udong war bis 1866 Hauptstadt, die folgende französische Herrschaft (Protektorat) wählte wieder Phnom Penh als Verwaltungssitz, weil diese Stadt besser zu erreichen war als das abgelegene Udong. Dies blieb auch nach der Unabhängigkeit so.

Am Fuß und auf dem Berg (Phnom) Udong finden sich heute eine Reihe großer Stupas, Tempel und Klosteranlagen, doch die meisten von ihnen sind nur noch archäologische Stätten, es gibt nur wenige aktive Tempel. Allerdings wurde 2001 auf dem Hügel wieder ein neuer, 55 m hoher weißer Stupa gebaut, der Preah Sakiamoni, der Siddhartha Gautama aus dem Geschlecht der Shakyamuni gewidmet ist. Dieser Stupa beherbergt als Reliquie einen Knochen des Buddha. An diesen neuen Stupa schließen sich nach Süden eine ganze Reihe alter Stupas an. Sie sind in der Regel die Aufbewahrungsorte für die Asche der Khmer-Könige von Udong, teilweise auch von Königen der Phnom-Penh-Zeit. Udong stellt sich deshalb heute vor allem als Nekropole der Könige von Kambodscha dar. So ist der Ort auch Pilgerort, weshalb auch die teilweise von den Roten Khmer während ihrer Schreckensherrschaft von 1976 bis 1979 zerstörten Tempel und Stupas wieder restauriert werden.

Kompong Cham – Wat Nokor

Die am Mekong gelegene Stadt Kompong Cham ist nach Phnom Penh, Battambang und Siem Reap (Angkor) die viertgrößte Stadt Kambodschas. Sie war früher von Angehörigen des zuerst hinduistischen, heute aber muslimischen Cham-Volkes bewohnt. In der Zeit der Roten Khmer wurden die Cham als (vietnamesisches) Minderheitenvolk, aber auch wegen ihrer Religion äußerst brutal verfolgt, sodass heute nur noch wenige Cham in der Stadt leben.

Die fruchtbaren ländlichen Gebiete außerhalb der Stadt wurden und werden von Khmer bewohnt, die buddhistischer Religion sind. Hier liegt etwas südöstlich von Kompong Cham auch die alte Khmer-Stadt Banteay (= Stadt) Prei Nokor. Sie hat in der Geschichte Kambodschas insofern eine wichtige Rolle gespielt, als König Jayavarman II. (770–834) von hier aus aufbrach, um weiter westlich zuerst am Phnom Kulen, dann in Angkor eine neue Hauptstadt zu erbauen. Banteay Prei Nokor ist von einem Erdwall und einem Wassergraben umgeben.

Südöstlich von Kompong Cham liegt das zentrale Heiligtum Wat Nokor, auch Wat Nokor Ba Chey genannt. Dies ist ein aus örtlichem Sandstein erbauter Khmer-Tempel aus dem 11.–12. Jahrhundert, der Regierungszeit von Jayavarman VII., der vom Hinduismus zum Buddhismus konvertierte. Doch auch heute hat Wat Nokor für die Khmer eine hohe religiöse Bedeutung, wie auch neugebaute Tempel im Thai-Stil oder ein chinesischer Tempel zeigen. Ursprünglich war Wat Nokor wie auch die Tempel in der buddhistischen Spätphase von Angkor mahayana-buddhistisch, doch ist die Gestalt des Tempels, wie er sich heute als aktiver Tempel darstellt, theravada-buddhistisch – deshalb wird er in diesem Kapitel behandelt. Der zentrale Turm ist wie ein Stupa, hat aber innen eine Cella, in der eine große Buddhafigur aufbewahrt wird. Viele andere kleinere

Mönche im Wat Phnom Proh, Kompong Cham

Buddhafiguren, dazu Decken- und Wandgemälde erzählen aus dem Leben des Buddha, von seinen Vorgeburtsgeschichten, aber auch das hinduistische Epos Ramayana. Während also der eigentliche Bau des Hauptheiligtums im Stil von Angkor aus Sandstein und teilweise auch Laterit erscheint, ergeben die Bilder und Farben der Ausschmückung aus späterer Zeit eher ein Bild der Ayutthaya- bzw. Bangkok-Ära mit ihren leuchtenden Farben – Wat Nokor ist eine Mischung aus Alt und Jung.

Rechts der Haupttempel von Wat Nokor aus dem 11. Jahrhundert, links ein neuer Tempel im Thai-Stil, Kompong Cham

Im Nordwesten von Kompong Cham, etwa 10 km von der Stadt entfernt, liegen zwei Hügel, der Phnom Srey (Hügel der Frauen) und der Phnom Proh (Hügel der Männer). Diese Bezeichnungen gehen auf eine alte Legende zurück, nach der Frauen und Männer im Wettstreit an der Aufschüttung der beiden Hügel arbeiteten, die Frauen schließlich nicht durch ihre Kraft, sondern durch eine List den Sieg davontrugen. Es durfte nämlich nur nachts gearbeitet werden, die Frauen aber zündeten ein Feuer an, sodass die Männer früher ihre Arbeit einstellten und die Frauen so den größeren Hügel schufen.

Heute sind beide Hügel und auch das Flachland davor von Stupas, Tempeln und Klöstern bedeckt. Auch Mönche wohnen nach der Verfolgungszeit der Roten Khmer wieder in diesem Gelände. Ein ca. 40 m hoher Stupa bildet das Zentrum des neuen Klosters, das mit zahlreichen großen und bunten Buddhabildnissen im Freien eher wie ein Freizeitpark erscheint.

Erwähnenswert im Zusammenhang mit Kompong Cham ist noch der ca. 200 km nordöstlich gelegene Tempelkomplex von Sambor Prei Kuk, der wichtigsten Khmer-Hauptstadt vor Angkor.

Tonle Bati – Wat Ta Prohm

Die kambodschanische Provinz Takeo liegt südlich der Hauptstadt Phnom Penh. Sie ist durchzogen vom Tonle (= Fluss) Bassac und vielen anderen Wasserläufen. Der Bassac ist dabei gleichsam die Fortsetzung des Tonle Sap, der von Siem Reap (Angkor) aus nach Phnom Penh fließt, aber in der Monsunzeit auch Wasser des dann riesigen Mekong zurücklaufen lässt (der einzige Fluss der Welt, der vorwärts und rückwärts fließen kann). In Phnom Penh vereinigt sich der Tonle Sap mit dem Mekong auf nur wenigen Metern, bevor der Tonle Bassac nach Süden, der Mekong nach Südosten fließt.

In diesem wasserreichen Gebiet liegt der See Tonle Bati, ca. 30 km südlich von Phnom Penh, flussähnlich geformt, deshalb Tonle genannt. An seinem Ufer liegt einer der wichtigsten Tempel des Landes: Ta Prohm. Er trägt den gleichen Namen wie ein Tempel in Angkor – beide wurden unter dem König Jayavarman VII. am Übergang des Angkor-Reiches vom Hinduismus zum Buddhismus errichtet und sind deshalb im gleichen Stil erbaut. In Tonle Bati wurde Wat Ta Prohm auf den Fundamenten eines älteren hinduistischen Tempels erbaut – dies zeigt eine Inschrift aus dem 6. Jahrhundert in Sanskrit.

Wat Ta Prohm, Tonle Bati

Wie in der Angkor-Zeit üblich ist das Tempelgelände von einer Lateritmauer umgeben, die heute nur noch teilweise vorhanden ist. Auch die eigentlichen Tempelbauten aus dem 12. Jahrhundert, die nicht besonders gut erhalten sind, sind aus Laterit (von lateinisch »Ziegelstein«), einem Verwitterungsgestein an der Oberfläche der Erde, das durch Trocknung zu einem guten und stabilen Baumaterial wird. In Süd- und Südostasien wurde Laterit häufig für große Bauten genutzt.

Die Architektur ähnelt den großen Tempelanlagen in Angkor (vgl. Seite 98f.). Ein dem mythologischen Berg Meru in Form und gestufter Dachkonstruktion nachgebildeter Tempelturm (Prang) beinhaltet das zentrale Götterbild im Hinduismus, im Buddhismus die größte Buddhastatue. Diesem Zentralheiligtum ist ein Mandapa (eine Vorhalle) vorgelagert, die für die Gläubigen und ihre Gaben bestimmt war. Um den zentralen Turm gibt es Galerien, die mit Reliefs geschmückt sind: mit Buddhas, Gottheiten, mythologischen Tieren, aber auch säkularen Szenen wie etwa Königen und ihren Frauen. Diese Galerie ist in Wat Ta Prohm nur noch teilweise erhalten. Außen finden sich die Torbauten, dic mit Buddhas oder Buddhagesichtern gestaltet sind, in Ta Prohm wurden diese Buddhas von den Roten Khmer geköpft. An den Galerien liegen weitere Gebäude – Nebentempel, die Bibliothek, Mönchswohnungen.

Am Nordeingang findet sich eine Darstellung, die den Übergang Kambodschas vom Hinduismus zum Buddhismus im 12. Jahrhundert kennzeichnet: Ein hinduistischer Gott trägt auf seinem Oberkörper eine Reihe kleiner Buddhafiguren.

Von den Roten Khmer geköpft, aber dennoch verehrt – Buddhastatue im Wat Ta Prohm, Tonle Bati

Phnom Penh – Wat Phnom Don Penh

In der Mitte des 14. Jahrhunderts – so erzählt die Gründungslegende – wohnte eine Witwe, die edle Frau Penh, im Gebiet zwischen dem Mekong und dem Tonle Sap. Eines Tages spülte das Monsun-Hochwasser einen Baumstamm an das Ufer des Tonle Sap, in dem die Dame vier kleine Buddhafiguren fand. Um diese vor dem regelmäßig wiederkehrenden Mekong-Hochwasser zu schützen, ließ sie einen Hügel (= Phnom) anschütten und darauf einen Tempel für die vier Buddhas bauen – den Hügel der Dame Penh: Phnom Penh. Der Tempel wurde im Jahr 1372 offiziell geweiht und ist heute das über lange Treppen erreichbare Heiligtum der Stadt, das von vielen Gläubigen besucht und mit Gaben geschmückt wird. Über dem Tempel ragt eine hohe Pagode auf. An der Seite des Tempels findet sich eine Statue der Frau Penh. An den Stupa angrenzend gibt es ein vietnamesisch-chinesisches Heiligtum, Preah Chau, in dem mahayanabuddhistische Riten stattfinden – die beiden Hauptschulrichtungen des Buddhismus leben auf diesem Hügel friedlich zusammen. An den Treppenaufgängen und an der Straße rund um den mit hohen Bäumen bewachsenen Hügel finden sich die üblichen Devotionalienverkäufer, Wahrsager, Wunderheiler und Artisten ein.

Statue der Dame Penh, Wat Phnom Don Penh, Phnom Penh

Häufiger als Wat Phnom Don Penh wird die Silberpagode besucht, die unmittelbar neben dem Königspalast liegt und in diesen baulich integriert ist. Es ist die königliche Pagode, die nicht nur der privaten Frömmigkeit und Meditation der königlichen Familie diente, sondern zugleich die Erinnerungsstätte an die in Phnom Penh regierenden Könige ist; viele kleine Stupas machen auf die früheren Herrscher aufmerksam. Ihren Namen hat die ab 1892 aus Stein erbaute Silberpagode, die frühere Holzbauten ersetzte, von den 5329 silbernen Bodenfliesen. Gestalt und offizieller Name der Pagode (Wat Phra Keo) erinnern an das königliche Wat Phra Keo in Bangkok neben dem dortigen Königspalast (vgl. Seite 78f.). Auch in der Silberpagode gibt es einen grünlichen Buddha, der dem Smaragd-Buddha der Thais ähnelt. Eine Fülle weiterer kostbarer Buddhas, darunter ein aus 90 kg Bronze gefertiger und überreich mit Diamanten geschmückter, ist im Tempelraum zu finden. Als königlicher Tempel ist die Silberpagode kein Kloster, es gibt also dort keine Mönche.

Wie in theravada-buddhistischen Ländern üblich gibt es auch in der Stadt Phnom Penh etwa 20 weitere Kloster- und Tempelanlagen, die nach oft vollständiger Zerstörung durch die Roten Khmer wieder errichtet oder restauriert wurden. Einzig Wat Ounalom am Mekongufer, 1422 erbaut, diente als Alibikloster mit einigen Mönchen und hat deshalb auch etwas alte Bausubstanz.

Silberpagode im Königspalast, Phnom Penh

Die Länder des Mahayana

Bereits vor der Zeitenwende entstand eine buddhistische Richtung, die sich von den Vorstellungen des Theravada absetzte und *Mahayana* genannt wurde – »Großes, erhabenes Fahrzeug«. Nicht mehr allein Mönche sollten den Weg zum Nirvana finden, sondern auch Laien einen breiteren Weg zur Befreiung vom Leid beschreiten können. Dies deshalb, weil sie auf die Hilfe vieler Buddhas, vieler Bodhisattvas, von Göttern und dämonischen Kräften vertrauen können. Buddha Gautama wird zunehmend in ein komplexes System von Buddhas eingebunden, er ist gleichsam in dieser Weltzeit die Verkörperung eines transzendenten, jenseitigen Buddha. Mehr noch: Da alles in allem ist, die Leerheit aller Dinge und Lebewesen somit zugleich das Absolute, das Nirvana, kann man alle als Buddhas bezeichnen. In jedem ist ein Buddha angelegt – durch Meditation, Gebet und Opfer, durch verschiedene rituelle Praktiken wie Tantra, Mantra, durch Stiftung von religiösen Figuren und Gebetsstätten kann ein Weg beschritten werden, der zur Erleuchtung führt.

Es gibt also viele Buddhas auf unterschiedlichen Ebenen; die Buddhas werden wie Götter verehrt; Bodhisattvas (Wesen der Güte und des Erbarmens) helfen auf dem Weg zur Befreiung vom Leid. Der Mahayana wird deshalb der »Katzenweg« genannt, weil ein Katzenbaby von der Mutter im Maul getragen wird, wenn diese den Ort wechselt – es geht um Hilfe von außen. Allerdings vertrauen einige Mahayana-Schulen auf die eigene Anstrengung, etwa im japanischen Zen, wo die Erleuchtung nur aus dem eigenen Inneren kommen kann. Der Mahayana findet sich vor allem im ostasiatischen Raum (China, Korea, Japan, Vietnam) und wird dort in unterschiedlichsten Schulen weiterentwickelt. Drei Beispiele aus dem japanischen Kontext:

- *Chan- (bzw. in Japan Zen-) Buddhismus*: Stichwort: Sitzmeditation und plötzliche Erleuchtung (Sartori).
- *Amitabha- (bzw. in Japan Amida-) Buddhismus*: Stichwort: Vertrauen zum Buddha führt nach dem Tod zur Aufnahme in das westliche Paradies, in dem die Erleuchtung gesichert ist.
- *Lotos-Schulen*: chinesisch »Tien-tai«, japanisch Tendai, Nichiren: Der Buddha ist transzendent – es geht in diesen Schulen um höchste Erkenntnis, diese führt zum Nirvana.

Buddha im Ryoanji, Kyoto, Japan

(Alt-)Kambodscha
(Vgl. Seite 88.)

Angkor – der Bayon-Tempel

Angkor ist die zwischen dem 9. und 14. Jahrhundert entstandene Hauptstadt des Khmerreiches (heute Kambodscha), die lange vergessen und vom Dschungel überwuchert war. Erst seit dem Ende des 19. Jahrhunderts werden die vielen Tempel freigelegt und wissenschaftlich untersucht. Alle profanen Gebäude waren in Angkor aus Holz gebaut – von ihnen ist im tropischen Klima nichts erhalten geblieben. Die Tempel dagegen waren aus Stein und nach dem Untergang Angkors überwachsen (teilweise von bis zu 50 m hohen Würgefeigen) – heute kann man die Pracht dieser Bauten wieder bewundern.

Jeder König von Angkor hat sich im Gesamtgebiet am Tonle-Sap-See eine neue Hauptstadt gebaut. Einer der größten dieser Könige, Jayavarman VII. (1181–1219), ließ die nach alter Mythologie geplante Stadt Angkor Thom (»Große Stadt«) errichten. Der Mauerwall um die 3 x 3 km große quadratische Anlage ist vollständig erhalten,

Der Bayon-Tempel, Zentrum der Stadt Angkor Thom

Gesichtertürme am Bayon-Tempel, Angkor Thom

ebenso die fünf Tore (vier in den Himmelrichtungen und ein Siegestor mit Ausrichtung auf den Aufmarschplatz vor dem ehemaligen Königspalast). Das Südtor ist dabei das beeindruckendste Bauwerk, weil hier auch die vor dem Tor über dem Wassergraben gelegenen Skulpturen von Göttern und Dämonen weitgehend erhalten geblieben sind. Sie machen die alte Mythologie deutlich, dass Götter und Dämonen das Weltmeer quirlen, um an den Unsterblichkeitstrank Soma zu kommen. Der Weltenberg in der Mitte ist dabei von der Weltenschlange Shesha umwunden und wird gedreht. Diese hinduistische Mythologie wurde allerdings während des Baus mahayanabuddhistisch überformt.

Denn das Zentrum der nach mythologischem Plan errichteten Stadt ist der riesige Tempelturm des Bayon, der den Weltenberg Meru und damit die Verbindung von Himmel und Erde, von Göttern und Menschen darstellt. Doch die vielen Türme des Bayon sind geschmückt mit insgesamt 256 jeweils etwa 3–4 m großen Gesichtern. Diese können als Gesichter des Buddha oder auch von Bodhisattvas gedeutet werden, evtl. auch als Abbild von Jayavarman VII., der von seinen Untertanen vergöttlicht worden sein mag.

Indonesien

Heute ist Indonesien mit ca. 200 Millionen sunnitischen Muslimen der Staat mit der größten islamischen Bevölkerung (vor Pakistan und Indien). Auf einigen der 17 500 indonesischen Inseln herrscht allerdings das Christentum vor (etwa Flores und Timor), auf anderen der Hinduismus (etwa Bali und Lombok). Diese Religionsverteilung war nicht immer so. Im ersten Jahrtausend nach der Zeitenwende gewannen Hinduismus und Mahayana-Buddhismus großen Einfluss in der indonesischen Inselwelt, der zu dem buddhistischen Reich Srivijaya (Blütezeit 7.–11. Jahrhundert, Zentrum Sumatra) und dem hinduistischen Reich Majahapit (Blütezeit 13.–16. Jahrhundert, Zentrum Java) führte. Danach folgten die Konversion der Bevölkerung zum Islam und die holländische Kolonialherrschaft. Aus der Zeit der großen Reiche stammen die archäologischen Stätten Prambanam (hinduistisch) und Borobudur (buddhistisch).

Borobudur – der Meditationsberg

Eine der beeindruckendsten religiösen Stätten in Asien ist der im Zentrum der indonesischen Insel Java liegende buddhistische Meditationsberg Borobudur, 40 km von Yogyakarta entfernt. Er ist weder ein Tempel noch ein Kloster, sondern ein über einem kleineren natürlichen Hügel aufgebauter Berg mit ursprünglich 42 m Höhe, erbaut aus über zwei Millionen Steinquadern, die mit einer Fülle von Steinreliefs und 504 vollplastischen Buddhas gestaltet sind. Der quadratische und nach den Himmelrichtungen ausgerichtete Bau hat eine Seitenlänge von 123 m, er ist der größte Stupa der Welt.

Dem Borobudur etwa 3 km vorgelagert sind zwei kleine Tempel, Candi Mendut und Candi Pawon. Von ihnen ging der Prozessionsweg zum Borobudur aus. Diese Tempel und der Borobudur selbst wurden in der Zeit von etwa 780–830 nach Christus erbaut.

Der Meditationsberg gliedert sich in sechs Terrassen, die man nacheinander im Uhrzeigersinn von unten nach oben umschritt. Diese Terrassen und die sich auf ihnen befindenden Reliefs spiegeln

Borobudur, Java

die Kosmologie des Mahayana-Buddhismus wider – der ganze Bau ist gleichsam ein kosmologisches, dreidimensionales Mandala, ein Meditationsbild.

Die unterste Ebene ist die der Welt, der Begierden und des Leidens. Entsprechend gibt es hier vielfältige Darstellungen weltlicher Freuden und Leiden. Diese Ebene ist bis auf eine Freilegung an der Südostecke heute durch ein später gebautes Stützfundament verdeckt. Auf der Ebene darüber beginnt der Weg von der physischen Existenz dieser Welt in die höheren Daseinsweisen. Entsprechend werden hier in 120 großen Reliefbildern das Leben des Siddhartha Gautama, des geschichtlichen Buddha, bis zu seiner ersten Predigt dargestellt, aber auch Jatakas, die Vorgeburtsgeschichten des Buddha. Diese Bild-Erzählungen setzen sich auf den weiteren Terrassen fort, dazu kommen Darstellungen von Bodhisattvas, die bei der Loslösung von der irdischen Welt behilflich sein sollen.

Auf der obersten Ebene stehen 72 kleinere Stupas, durch deren gebrochenes Mauerwerk man jeweils eine Buddhafigur erkennen kann (Dharmachakra-Mudra = In-Gang-Setzen der Lehre). Der im Zentrum befindliche 8 m hohe Zentralstupa ist dagegen leer, Symbol der Erleuchtung und des Auswegs aus dem Leiden: Nirvana.

Vietnam

Die Geschichte des von zwischen 90 und 100 Millionen Einwohnern bewohnten Landes geht bis ins 3. Jahrhundert vor der Zeitenwende zurück. Doch waren die Viet, die zuerst im Norden im Delta des Roten Flusses (um Hanoi) lebten und erst im Mittelalter die im Süden lebenden Cham-Völker verdrängten, lange Zeit von China dominiert: Erst im 10. Jahrhundert gelang die Unabhängigkeit von China, doch blieb der chinesische Einfluss auf Kultur, Sprache, gesellschaftliche Struktur und auch auf die Religion der Vietnamesen weiterhin vorherrschend. Deshalb wurde auch der von China nach Süden vordringende Mahayana-Buddhismus die wichtigste Religion, oft gemischt mit chinesisch-daoistischen Elementen. Der Theravada-Buddhismus der westlich gelegenen Länder Südostasiens konnte sich nicht durchsetzen. Heute bezeichnen sich nur 20 % der Bevölkerung als Buddhisten, ca. 5 % sind Christen.

Hanoi – Thai-Pagode und Tai-Phuong-Pagode

Im fruchtbaren Schwemmland des Roten Flusses, doch am Rand von ersten bizarren Karstbergen liegen ca. 20 km westlich der vietnamesischen Hauptstadt Hanoi zwei alte Tempel- und Klosteranlagen, die beispielhaft die Aufnahme chinesischer Bautradition und auch der mahayana-buddhistischen Gedankenwelt Chinas zeigen. Sie werden nur wenig besucht, sodass man die Ruhe der weitläufigen Anlagen genießen kann.

Die Chua (in Viet = Pagode) Thay (»Pagode des Meisters«) wurde 1132 vom Mönch Dao Hanh erbaut, der wegen seiner spirituellen, aber auch medizinischen Fähigkeiten »der Meister« genannt wurde. Sie ist damit eine der ältesten erhaltenen Pagoden des Landes und liegt in einem Gebiet, dessen Karsthöhlen von vielen Eremiten – buddhistischen wie daoistischen – bewohnt wurden. Die Pagode selber kennt drei hintereinanderliegende Gebäude, von denen nur das mittlere dem Buddha gewidmet ist. In der ersten Halle wird der König Ly Than Tong als Schutzherr des Tempels verehrt, es folgt im

Chua Tai Phuong, bei Hanoi

Zwischenhof eine Statue von Tho Dia, dem Schutzherr des Bodens, auf dem der Tempel errichtet wurde. Dazu flankieren zwei riesige Tempelwächter Ho und He (Gut und Böse) den Eingang. In der mittleren Buddhahalle sitzen die drei Buddhas der Vergangenheit, Gegenwart und Zukunft nebeneinander, dazu gibt es Figuren des Buddhakindes, das seine ersten Schritte macht, des zukünftigen Buddha Maitreya und der Quan Am (tibetisch Avalokiteshvara, chinesisch Guanyin), des Bodhisattvas des Mitleids.

Die oberste Halle beinhaltet eine Figur des Meisters Dao Hanh. Dieser war nicht nur Mönch und Arzt, sondern auch der Begründer des nordvietnamesischen Wasserpuppenspiels. So ist vor dem Tempel auch ein Teich angelegt, von dessen Insel aus die Wasserpuppenspieler agierten.

Die Chua Tai Phuong liegt verborgen am Rand eines Karstberges, eine vielstufige Treppe führt zu den Gebäuden hinauf. Der Tempel stammt aus dem 8. Jahrhundert und ist damit noch älter als die Chua Thay. Herausragend ist er nicht nur durch seine bezaubernde Lage, sondern auch durch 62 teils sehr alte Holzfiguren des Buddha, des Bodhisattvas Avalokiteshvara und der Jünger (Arhat) des Buddha sowie durch kostbare Holzschnitzereien am Gebälk.

Hue – Chua Thien Mu

Etwa in der Mitte des an der Ostküste Südostasiens langgestreckten Landes Vietnam liegt die alte Kaiserstadt Hue (abgeleitet von Viet Hoa = Friede, Harmonie). Zu Beginn des 17. Jahrhunderts war Vietnam in Nordvietnam und Südvietnam zweigeteilt (etwa so wie nach dem Zweiten Weltkrieg bis 1975). Im Norden herrschten Fürsten der Familie Trinh, im Süden Fürsten der Familie Nguyen. Einer der Fürsten, Nguyen Hoang, kam bereits 1601 in das Gebiet des heutigen Hue. Endgültig ließ sich die Fürstenfamilie Nguyen 1687 in Phu Xuan, dem heutigen Hue am Song Huong, dem Parfümfluss (Fluss der Wohlgerüche), nieder. Nach Unruhen im ganzen Land eroberten die Rebellen, die Tay-Son-Brüder, auch Hue und löschten die Nguyen-Familie bis auf einen Prinzen aus. Doch dieser junge Prinz sammelte im Süden eine neue Streitmacht, eroberte Hue zurück und ließ sich 1802 zum König/Kaiser unter dem Regierungsnamen Gia Long ausrufen. Er regierte bis 1820 und eroberte auch den Norden Vietnams, sodass Vietnam zum ersten Mal in seiner Geschichte geeint wurde. Die von ihm gegründete Dynastie regierte bis zum Ende des Zweiten Weltkrieges, wenn auch seit der französischen Kolonisation ab 1858 als Marionette der Franzosen. Im vietnamesisch-amerikanischen Krieg wurde Hue bei der Tet-Offensive 1968 von Nordvietnam erobert, dann aber vor allem durch amerikanische Luftangriffe weitgehend zerstört. Vor allem blieb vom zentralen Kaiserpalast, der dem großen chinesischen Kaiserpalast in Beijing nachgebildet war, bis auf wenige Fundamente nichts übrig.

Chua Thien Mu, Hue

Heute ist Hue mit 350 000 Einwohnern ein kulturelles und wirtschaftliches Zentrum in der Mitte Vietnams. An archäologischen Stätten sind vor allem die Königsgräber zu nennen, die sich entlang des Parfümflusses aneinanderreihen. Der Kaiserpalast wird teilweise restauriert, doch die alte Pracht der Stadt, wie sie sich vor allem im 19. Jahrhundert zeigte, ist unwiederbringlich verloren. Was bleibt sind die Bauten der Mausoleen und einiger Tempelanlagen.

Die bedeutendste Pagode Hues ist der Chua Thien Mu, der auf einem Hügel 3 km westlich des Stadtzentrums am Fluss liegt. Sein 21 m hoher achteckiger und siebenstöckiger Bau ist bereits von Weitem zu erkennen. Der Bau stammt aus der Zeit des ersten Nguyen-Fürsten Nguyen Hoang und wird auf 1601 datiert. Der Name bezieht sich auf die (daoistische) Himmelgöttin Thien Mu (Himmelsmutter), die dem Fürsten den Standort einer zu erbauenden Pagode zeigte.

Die während aller Kriege unversehrt gebliebene Pagode ist das Wahrzeichen der Stadt und zugleich ihr wichtigster religiöser Ort. Die sieben Stockwerke der Pagode erinnern an sieben verschiedene Reinkarnationen des Buddha, auch der Buddha der Zukunft, der lachende, dickbäuchige Maitreya, ist im Eingangsbereich mit einer Statue dargestellt. Neben dem Pagodenturm gibt es im abgegrenzten und parkähnlichen Bereich des Tempels weitere Gebäude: So finden sich Hallen des Quan-Vo, eines aus dem Daoismus stammenden Kriegsgottes, der als Beschützer des buddhistischen Dharma angesehen wird, und der Quan Am (chinesisch Guanyin), des Bodhisattvas der Barmherzigkeit. Auch gibt es einen Pavillon, in dem eine aus dem frühen 18. Jahrhundert stammende, über 2 Tonnen schwere Bronzeglocke aufbewahrt wird – sie erschallte früher über der ganzen Stadt und verkündete den Wohlklang der buddhistischen Lehre. Die Thien-Mu-Pagode ist heute wieder ein aktives Kloster mit Mönchen.

Mönch im Chua Tu Hien, Hue

Danang – die Marmorberge

Etwa 8 km südlich der Hafenstadt Danang in Mittelvietnam erheben sich nur wenig vom Strand entfernt fünf eigenartige Berge aus Marmorgestein, die Marmorberge Ngu Hanh Son. Ursprünglich waren sie kleine Inseln, durch Schwemmsand verlagerte sich der Strand jedoch nach Osten. Diese Marmorberge sind vor allem durch ihre natürlichen Höhlen bekannt, in denen sich bereits vor der Zeit der Viet hinduistische Heiligtümer der Cham-Völker befanden. Die fünf Berge werden dabei mythologisch den fünf Elementen Wasser, Erde, Feuer, Holz, Metall zugeordnet, sodass sie ein Abbild der ostasiatischen Kosmologie darstellen. Nach einem Befehl des Nguyen-Kaisers Minh Mang von 1825 wurden sie zum Wallfahrtsort der vietnamesischen Buddhisten. Heute liegen vor den Höhleneingängen Tempelanlagen, im Innern der Höhlen finden sich Altäre unter aus dem Marmorgestein gehauenen Statuen von Buddhas und Bodhisattvas.

Ein Bodhisattva (Sanskrit: »dessen Wesen Erleuchtung [Bodhi] ist«) hat in zahlreichen Wiedergeburten die Erleuchtung und damit die Möglichkeit eines Eingangs ins Nirvana erreicht. Doch er verzichtet darauf, um anderen Lebewesen auf ihrem Weg zur Erleuchtung zu helfen. Bodhisattvas sind somit Wesen des Mitgefühls und der grenzenlosen Barmherzigkeit. Für die Gläubigen sind sie zum einen ein Ideal, dem man nachstrebt (Bodhisattva-Weg), zum anderen zeigen die Gläubigen in ihrer Verehrung unbedingtes Vertrauen in die Hilfe der Bodhisattvas. Bodhisattvas sind somit »Erlösungshelfer«. Der wichtigste Bodhisattva sowohl im Mahayana-Buddhismus wie auch besonders im Vajrayana ist Avalokiteshvara. Sein Name bedeutet traditionell: »Der Herr (ishvara), der die Welt betrachtet (avalokita)« oder »Der Herr, der (mitleidsvoll) herabschaut«.

Im Chinesischen wird Avalokiteshvara zur weiblichen Guanyin, in Japan zur geschlechtsneutralen Kannon, in Vietnam heißt dieser Bodhisattva Quan Am, ebenfalls ein weibliches Wesen, das einen mütterlich-gütigen Charakter zeigt. Sie hält als Attribut oft eine Flasche mit dem Wasser der Barmherzigkeit in der linken Hand, mit dem sie den Lebensdurst aller Lebewesen stillen und sie damit auf den Weg zum Nirvana führen will. Die rechte Hand ist meist in der Lehrgeste (Dharmachakra-Mudra) geformt oder sie hält ein grünes

Statue der Quan Am (Guanyin), Hoa-Nghiem-Höhle der Marmorberge bei Danang

Blatt des Lebens. Sie wird – auch hier in der Höhle der Marmorberge – besonders bei Kinderwunsch angerufen. In dieser Gestalt sind vorbuddhistische, besonders daoistische Göttinnen integriert, etwa Meeresgöttinnen, die in Not geratenen Fischern zur Hilfe kommen, oder auch die Himmelgöttin Thien Mu (vgl. Seite 105).

Saigon – Giac-Lam-Pagode

Die quirlige südvietnamesische Metropole Saigon (nach der Wiedervereinigung des Landes Ho-Chi-Minh-Stadt genannt) mit den beiden Teilen des zentralen vietnamesischen Saigon und dem eher chinesisch geprägten Cholon (= Großer Markt), ist nach wie vor der wirtschaftliche Mittelpunkt des Landes. Die Stadt ist seit etwa 1000 Jahren besiedelt, zuerst von Khmer, die den Ort Sai Gon (= Wald der Kappokbäume) nannten, später von den Cham. Doch erst als die Viet gegen Ende des 17. Jahrhunderts von Norden aus in das Gebiet des Mekong-Deltas vordrangen, erhielt die Stadt als Handelszentrum eine höhere Bedeutung. Das änderte sich auch in der Zeit der französischen Kolonie (ab 1859) nicht; nach der Teilung Vietnams im Jahr 1954 wurde Saigon bis zur Wiedervereinigung 1975 Südvietnams Hauptstadt.

Die Innenstadt des alten Saigon ist von ihren breiten und baumbestandenen Alleen und ihren Kolonialgebäuden (etwa Kathedrale, Hauptpost, Rathaus, Oper) her französisch geprägt. Der westlich gelegene Stadtteil Cholon dagegen könnte so auch in einer chinesischen Stadt liegen: enge Gassen, voll mit kleinen Handelshäusern, bei denen das Geschäft im Erdgeschoss, die Wohnung der Händlerfamilie im Obergeschoss liegen, dazwischen verschiedene Tempel und Pagoden. Die Tempel selber sind offiziell meist mahayana-buddhistisch, mischen aber oft auch daoistische Gottheiten und Bräuche hinzu. Ebenso hat die Ahnenverehrung, die eher chinesisch-konfuzianistisch ausgerichtet ist, in den Tempelbereichen ihren Platz. Diese chinesische Prägung beruht auf den vielen chinesischen Einwanderern, die im späten 18. Jahrhundert vor allem aus dem südchinesischen Gebiet um Guangzhou (Kanton) nach Vietnam kamen und sich hier als Händler etablierten. Neben den Tempeln in Cholon finden sich hinduistische Heiligtümer der tamilischen Kaufleute und

Räucherwerk im Chua Thien Hau, Saigon (Ho-Chi-Minh-Stadt)

einige Moscheen der vom Hinduismus zum Islam konvertierten Cham-Bevölkerung, den »Ureinwohnern« dieses Gebietes.

Die Architektur der Tempel ist streng nach den geomantischen Regeln Chinas ausgerichtet: Mehrere Hallen in Süd-Nord-Richtung werden durch Innenhöfe getrennt, das Ganze umgibt eine Mauer mit einem auffällig gestalteten Tor. Dächer wie Säulen und Tore sind manchmal überreich mit Figuren geschmückt, die nur zum Teil aus dem mahayana-buddhistischen Pantheon stammen, oft aber die alten daoistischen Götter (wie die Himmelgöttin Thien Mu, die Himmelsmutter) zeigen oder Ahnenfiguren darstellen.

Der bedeutende Chua Giac Lam wurde 1744 gegründet und mehrfach erweitert. Dieser Tempel gilt als der älteste der Stadt und wird in hohem Maß von Gläubigen besucht. Er ist ein aktives Kloster mit einigen Mönchen, die den Tempeldienst verrichten. Ein Bodhibaum neben dem Eingang ist ein Geschenk von Mönchen aus Sri Lanka; im gleichen Hof steht eine weiße Statue der Guanyin in der üblichen Haltung mit der Vase für das Wasser der Barmherzigkeit und der Handhaltung des Drehens am Rad der buddhistischen Lehre (Dharmachakra-Mudra). Eine weitere Statue der Guanyin in der Form der 18-armigen Göttin ist zusammen mit Ahnentafeln in der ersten, der Eingangshalle des Tempels zu sehen. In den folgenden Hallen findet sich neben herausragendem Schnitzwerk an Säulen und Gebälk eine Fülle von alten und kostbaren Holzstatuen von Buddhas und Bodhisattvas, aber auch vom daoistischen höchsten Gott, dem Jadekaiser, der vietnamesisch Ngoc Hoang genannt wird. Ein magischer Wunschbaum mit 49 Buddhafiguren und 49 Öllämpchen wird besonders verehrt.

Großer Buddha im Chua Giac Lam, Saigon (Ho-Chi-Minh-Stadt)

China

China mit seinen rund 1,3 Milliarden Menschen ist religiös gemischt; fünf Religionsgemeinschaften sind anerkannt: Buddhismus, Daoismus, Islam, Katholische Religion und Evangelische Religion (getrennt wegen ihrer unterschiedlichen Namen für Gott im Chinesischen). Der Konfuzianismus ist weniger Religion als Sozialethik. Doch der chinesische Volksglaube lässt sich nicht klar in diese Religionen gliedern – er ist ein Synkretismus, dazu kommen animistische, magische Rituale und eine ausgeprägte Ahnenverehrung. So finden sich in vielen buddhistischen Tempeln auch Statuen daoistischer Götter und umgekehrt.
Der chinesische Buddhismus zeigt sich meist als Mahayana-Buddhismus, in einigen Teilen (Tibet, Innere Mongolei, Provinz Qinghai [Klein-Tibet]) auch in der aus dem Mahayana abgeleiteten Form des Vajrayana. Nach der Verfolgungszeit unter Mao Zedong ist das religiöse Leben in China wieder erwacht.

Seidenstraße – die Höhlen von Bezeklik

Die Seidenstraße war mit mehr als 10 000 km der längste Handelsweg der Welt – über 1500 Jahre, von ca. 200 v. Chr. bis ca. 1400 n. Chr. verband sie Europa und China, aber auch den Norden Indiens mit China. Auf ihr trafen sich Ost und West, Händler und Kaufleute, Mönche und Missionare, Forscher und Entdecker.

Der Name »Seidenstraße« stammt vom deutschen Geographen und Ostasienforscher Ferdinand von Richthofen (1833–1905), der ihn 1877 zum ersten Mal benutzte. Er selber bereiste Ostasien, konnte aber seinen Plan, durch Zentralasien (= Seidenstraße) zu reisen, nicht ausführen. Bei ihm studierte u. a. der schwedische Geograph Sven Hedin (1865–1952), der zu Beginn des 20. Jahrhunderts Zentralasien, besonders das Gebiet der Wüsten Taklamakan und Gobi, in waghalsigen Expeditionen erforschte. Andere europäische Forscher wie etwa der deutsche Archäologe und Forscher Albert Le Coq (1860–1930) und der Indologe und Tibetologe Albert Grünwedel (1856–1935) forschten auf der Grundlage von Ferdinand von Richt-

hofens Ideen im zentralasiatischen Bereich und leiteten die deutschen Turfan-Expeditionen zu Beginn des 20. Jahrhunderts. Die europäischen und auch japanischen Expeditionen waren allerdings verbunden mit Raubzügen, die die schönsten kulturellen Schätze entlang der Seidenstraße aus ihren Ursprungsorten herauslösten und in die europäischen Museen brachten (auch in das Ethnologische Museum in Berlin-Dahlem). Dies gilt in besonderer Weise für die Höhlen von Bezeklik und ihre Fresken.

Die 1000-Buddha-Höhlen von Bezeklik, Xinjiang

Im Nordosten der Taklamakan-Wüste, der zweitgrößten Sandwüste der Welt, liegt im Uigurisch-Autonomen Gebiet innerhalb der chinesischen Westprovinz Xinjiang ein Flusstal, das – eingebettet in die Landschaft der Flammenden Berge mit ihrem roten Gestein – den Karawanen auf der Seidenstraße als Rastplatz diente. Ebenso wie in Dunhuang (vgl. Seite 112f.) wandte man sich vor der lebensgefährlichen Durchquerung der Wüste an den Buddha und bat um Schutz für den Weg. In diesem Zusammenhang befinden sich in Bezeklik an einer Felswand 83 Grotten, die zwischen dem 5. und 14. Jahrhundert entstanden und ausgeschmückt wurden. Diese Ausschmückung bestand neben Buddhastatuen vor allem aus Wandfresken, die primär die Vorgeburtsgeschichten des Buddha thematisieren.

Dunhuang – Mogao-Grotten

In der Zeit des Römischen Reiches bis zum europäischen Mittelalter hatte die Seidenstraße aus westlicher Sicht vor allem den Zweck, Güter und Erfindungen aus China in den Westen zu bringen: Seide als kostbarstes Gut, dazu Stoffe, Steinzeug und Porzellan, Tee, Kriegstechnik (Schießpulver, Feuerwerk, Bomben, Granaten, feuerspeiende Lanzen [Schusswaffen]), den Kompass, Papier und Papiergeld, Drucktechnik, Schiffstechnik wie Steuerruder und abgedichtete Schotten und vieles andere mehr. Die Europäer bezahlten mit Edelmetallen, Fellen, Gewürzen und Kosmetika.

Über die Seidenstraße kamen auch verschiedene Religionen nach Osten: aus dem vorderorientalischen Raum der Manichäismus, das Christentum und später der Islam, aus Persien der Zoroastrismus und aus Nordindien durch das obere Industal und die Karakorumschlucht der Buddhismus der Mahayana-Richtung. Um die Zeitenwende erreichten indische Mönche den Kaiserhof in Luoyang (vgl. Seite 116f.), umgekehrt wurden später chinesische Mönche über die Seidenstraße nach Nordindien geschickt, um dort an den beiden buddhistischen Universitäten Taxila (vgl. Seite 36f.) und Nalanda (vgl. Seite 34f.) zu studieren und buddhistische Schriften nach Chi-

Mogao-Grotten, Dunhuang, Xinyiang

na zu bringen. Ein durch seinen Reisebericht bekanntes Beispiel für einen solchen »Studienreisenden« ist der chinesische Mönch Faxian, der im Jahr 399 aufbrach und erst 15 Jahre später wieder zurückkehrte. Die von ihm mitgebrachten buddhistischen Sutren wurden dann aus Sanskrit und Pali ins Chinesische übersetzt.

Auf diesem Weg war die Stadt Dunhuang am östlichen Rand der Taklamakan-Wüste eine bedeutende Station. Sie war meist nicht chinesisch beherrscht, sondern von Tibetern, Uighuren und Mongolen. In Dunhuang teilte sich der Weg nach Westen in die Nordroute und Südroute um die Taklamakan.

Dunhuang hatte auch religiöse Bedeutung, das zeigen die Mogao-Grotten 25 km südöstlich der Stadt. Ein Mönch hatte im Jahr 366 eine Lichtvision und schlug daraufhin eine erste Grotte in die Steinwand oberhalb eines heute ausgetrockneten Flusses. In der folgenden Zeit bis zum 14. Jahrhundert wurden insgesamt 1000 Höhlen in den Fels geschlagen. Sie beherbergen eine Fülle von Statuen der Buddhas, Bodhisattvas und Arhats (Schüler des Buddha), die im Mahayana-Buddhismus verehrt werden. Herausragender aber als die Skulpturen sind die ca. 45 000 m^2 Fresken in leuchtenden Farben. Götter und Heilige werden im himmlischen Leben dargestellt und lassen den Gläubigen, der hier vor seinem gefährlichen Weg durch die Wüste betete, Hoffnung und Kraft schöpfen.

Die Seidenstraße: Die Seidenstraße war keine *Straße*, sondern ein Netz von Handelsorten und Karawansereien, zwischen denen Karawanen sich frei bewegten – also keine gepflasterten Straßen wie im Römischen Reich, sondern offene Handelswege durch Steppe und Wüste und anderes unwegsames Gelände. Die Seidenstraße bestand nicht aus *einem* Weg, sondern war ein unübersehbares Netz verschiedener Wege. Sie veränderten sich je nach politischen und geografischen Gegebenheiten. Wege der Seidenstraßen führten hoch im Norden an Aralsee und Kaspischem Meer vorbei, aber auch durch das Bergland von Afghanistan. Auf den Seidenstraßen wurde zwar als wichtiges und kostbares Gut *Seide* transportiert, aber der Handel beinhaltete viele andere Güter, zudem Ideen und Erfindungen; auch kamen unterschiedliche Religionen über die Seidenstraßen nach China.

Lanzhou – die Buddhas von Bing-Ling-Si

Die Endpunkte der Seidenstraße – die Kaiserstädte in China und in Europa Rom bzw. Konstantinopel – waren und sind durch enorme natürlich Barrieren voneinander getrennt: Bergketten, Wüsten, extreme Klimaschwankungen, große Flüsse, die tief eingeschnitten in Bergketten einen Übergang nahezu unmöglich machten. Im Winter waren die Wege der Seidenstraße nicht zu begehen; es musste in den Handelsorten überwintert werden.

An den gefährlichen Stellen der Seidenstraße – wie etwa vor der Querung der Taklamakan-Wüste – entstanden in der Blütezeit der Seidenstraße buddhistische Tempel, Grottenanlagen und große Buddhas, die über den Weg der Reisenden schauten und ihnen Schutz und Hilfe verhießen. Dies gilt auch für die gefahrvolle Überquerung des Gelben Flusses in der Provinz Gansu. Dort entstanden ca. 75 km von der Provinzhauptstadt Lanzhou entfernt die Grotten von Bing-Ling-Si (Grotten der 10 000 Buddhas) und – unmittelbar am Wasser – eine 27 m hohe teilweise aus dem gewachsenen Felsen gemeißelte, teilweise aus Ton geformte Figur des Bodhisattva Maitreya, des zukünftigen Buddha, in europäischer Sitzhaltung, der üblichen Sitzhaltung von Bodhisattvas. In die den Buddha umgebende Steilwand wurden ca. 180 Höhlen geschlagen und mit Statuen von Buddhas und Bodhisattvas und teilweise auch mit Fresken geschmückt, deren Überreste man aus der Nähe erkennen kann. Doch diese Höhlen sind nur über steile Leitern zu erreichen.

Mönch im Kloster (Si) Bing-Ling, Gansu

Diese Heiligtümer entstanden ab dem 4. Jahrhundert durch buddhistische Kaufleute und Mönche, besonders während der Tang-Dynastie wurden im 7.–9. Jahrhundert die Höhlen ausgebaut. Wegen des Staudamms Liujiaxia, der die Kraft des Gelben Stroms bändigen soll, sind die Höhlen heute nur noch per Boot zu erreichen. Der alte Weg der Seidenstraße ist nicht mehr zu erkennen, auch nicht die un-

Großer Buddha und Grotten von Bing-Ling-Si, Gansu

terhalb der Grotten in der Schlucht liegende Siedlung mit Herbergen der Kaufleute. Der Übergang über den Gelben Fluss geschah teilweise durch Boote, teilweise auch über eine Brücke, deren Fundamente gefunden wurden. Eine Inschrift aus dem 4. Jahrhundert nennt diese Brücke die »erste Brücke der Welt« – ein Hinweis auf die Bedeutung, die dieser Ort für die Karawanen der Seidenstraße hatte.

Ein wenig oberhalb der Grotten liegt in der Schlucht versteckt ein kleines Kloster, teilweise abenteuerlich am Fels hängend, das von tibetischen Mönchen des Vajrayana-Buddhismus bewohnt wird – vergleichbar dem Kloster am Hengshan (vgl. Seite 124). Auch dieses Kloster stammt aus der Tang-Zeit.

Luoyang – Bai-Ma-Si und Shao-Lin-Si

Am östlichen Stadtrand der ehemaligen Kaiserstadt Luoyang liegt das älteste buddhistische Kloster in China. Die Legende erzählt, dass der in Luoyang regierende Kaiser Mingdi der Han-Dynastie die Vision einer goldenen Figur hatte und diese von seinen Beratern als der Buddha gedeutet wurde. Deshalb schickte der Kaiser zwei Männer nach Indien, damit sie Näheres über die Gestalt des Buddha erfahren sollten. Dort baten die Gesandten zwei buddhistische Mönche, sie zurück nach Luoyang zu begleiten. Diese Mönche führten auf dem langen Weg eine Fülle buddhistischer Schriften auf zwei Schimmeln mit. Am Ort des heutigen Klosters blieben die Tiere stehen und die Mönche ordneten an dieser Stelle den Bau eines Klosters an, in dem die Schriften studiert und ins Chinesische übersetzt werden sollten.

Bai-Ma-Si (Kloster des Weißen Pferdes), Luoyang

Bodhidharma: Der programmatische Name des indischen Mönches Bodhidharma (440–528, chinesisch Damo, japanisch Daruma) bedeutet Erleuchtungslehre. Er kam um 480 in den Wald in der Nähe der Kaiserstadt Luoyang und gründete dort das Shao Lin Si (Kloster des jungen Waldes), in dem er einen strengen Meditations-Buddhismus propagierte: den Chan-Buddhismus (in Japan später Zen). Um die Mönche für lange Phasen der Sitzmeditation zu ertüchtigen, ersann Bodhidharma Körperbewegungen, die später zur Kampfkunst wurden, zum Kungfu und anderen Kampfsportarten.

Kaiser Mingdi unterstützte diese Bemühungen; im Jahr 68 nach Christus entstand das Bai-Ma-Si, das Kloster des Weißen Pferdes.

Heute werden die Klostergebäude von einer dreizehnstöckigen Pagode überragt, die allerdings aus dem 12. Jahrhundert stammt; sie wird die Wolkenkratzerpagode genannt. Vor dem Kloster stehen die Skulpturen zweier weißer Pferde aus der Song-Zeit (10.–13. Jahrhundert), die an die Legende erinnern. Auch werden die Gräber der beiden Mönche am Tempeleingang verehrt; in der Mingzeit setzte man ihnen im 17. Jahrhundert zwei Gedenksteine. Die eigentliche Klosteranlage ist wie in China üblich mit drei einander folgenden Hallen und Zwischenhöfen gestaltet: Nach der Eingangshalle der vier Himmelskönige (Schutzgottheiten) gelangt man zur Großen-Buddha-Halle mit den Buddhas der Vergangenheit, Gegenwart und Zukunft und zu einer abschließenden Halle mit Statuen von Buddhas und Luohan (= Arhat, Schüler des Buddha).

Shao-Lin-Si: Das von Bodhidharma gegründete Kloster liegt ca. 50 km von Luoyang entfernt am Hang des Songshan, einem der fünf buddhistischen heiligen Berge Chinas, versteckt im Wald. Das Kloster besteht aus einer Tausend-Buddha-Halle, einem Pagodenwald, dessen Stupas an die Äbte des Klosters erinnern, und einem Ausbildungszentrum, wo Meditation und die Kampfkunst Kungfu gelehrt werden. Das Kloster zeigt nicht mehr den Ursprungsbau des frühen 6. Jahrhunderts, sondern besteht aus Bauten der Qing-Dynastie des frühen 18. Jahrhunderts (Zeit des Kaisers Kang Xi).

Schautafel im Shao-Lin-Si, Luoyang

Luoyang – Longmen-Grotten

An vielen Stellen gibt es in China Grotten, sowohl natürlich als auch von Menschenhand geschlagen, die als buddhistische Heiligtümer zählen und mit einer Fülle von Buddhaskulpturen geschmückt sind. Das können Orte an der Seidenstraße sein wie die Mogao-Grotten (vgl. Seite 112f.) oder die Grotten von Bing Ling Si (vgl. Seite 114f.), wo die Kaufleute der Handelskarawanen um den Schutz des Buddha nachsuchten, bevor sie sich auf gefährliche Wegstücke ihrer Reise machten. Das können ebenso abgelegene Orte sein, wohin sich der Buddhismus zurückzog, als er in der Zeit der späten Tang- und der Song-Dynastie von den Machthabern verfolgt wurde; ein Beispiel sind die Höhlen des Baoding Shan (Schatzkammerberg) bei Dazu nahe Chongqing. Den Anstoß zu Höhlenheiligtümern können aber auch dem Buddhismus zugeneigte Kaiser geben, die durch die Ausschmückung der Höhlen Verdienste für eine bessere Wiedergeburt sammeln wollten.

Der Große Buddha, Longmen-Grotten, Luoyang

Zu den auf diese Weise entstandenen Höhlen gehören die Longmen Shiku (Drachentor-Grotten) bei Luoyang. Über einen Kilometer ziehen sich an beiden Hängen des Yi-Flusses die Höhlen hin: 1352 große und kleine Grotten beherbergen die unfassbare Zahl von über 100 000 Statuen, vom 17 m hohen Buddha Vairocana (vgl. das Bild links) bis hin zu den etwa 15 000 nur wenige Zentimeter hohen Miniaturbuddhas in der 10 000-Buddha-Höhle (vgl. die Wand mit den Buddhas auf dem Bild rechts).

Der Name Drachentor-Grotten geht wie häufig in China auf eine Legende zurück: Ein Drache

10 000-Buddha-Höhle, Longmen-Grotten, Luoyang

(Long) lebte in einem Bergsee und bedrohte die Bevölkerung. Der Jadekaiser der mythischen Frühzeit Chinas spaltete daraufhin den Berg, sodass der See abfloss und der Drache mit ihm ins Meer gespült wurde. Diesen Spalt in den Bergen mit den steilen Hängen zu beiden Seiten des Flusses nennt man Tor (Men).

Im Jahr 494 n. Chr. wurde Luoyang Hauptstadt der Nördlichen Wei-Dynastie. Die Herrscher dieser Dynastie bauten im Umfeld ihrer Stadt etwa 1000 buddhistische Tempel und begannen auch mit den ersten Grotten. Die auf diese Dynastie folgende Tang-Dynastie hatte zwar Chang'an (Xian) zur Hauptstadt, doch Luoyang behielt seine Bedeutung als zweite Kaiserstadt – auch die Höhlen wurden von den ersten Tang-Herrschern ausgebaut. Die zentrale Höhle der Longmen-Grotten ist der Fengxian Si mit dem transzendenten Buddha Vairocana und Bodhisattvas nebst Wächterfiguren an seiner Seite – alle im prägnanten Stil der Tang mit faltenreichen Gewändern und einem friedvollen Gesichtsausdruck. In manchen Höhlen gibt es auch kalligraphische Inschriften, die sowohl historische Informationen geben wie auch medizinische Rezepte.

Xian – Große Wildgans-Pagode

Der Kaiser Taizong (Regierungszeit 626–649) gilt als eigentlicher Gründer der Tang-Dynastie, obwohl sein Vater Gaozu bereits die Sui-Dynastie abgelöst hatte. Taizong machte das alte Chang'an (heute Xian), das bereits dem ersten chinesischen Kaiser als Hauptstadt gedient hatte, zu seiner Kaiserstadt, Luoyang blieb Nebenhauptstadt. Taizong war gläubiger Buddhist und wollte seine Stadt auch durch die Verehrung des Buddha auszeichnen. Deshalb beauftragte er im Jahr 629 den chinesisch-buddhistischen Mönch Xuanzang, nach Indien zu reisen und buddhistische Schriften nach China zu holen. Xuanzang studierte fünf Jahre in Nalanda (vgl. Seite 34f.) und kehrte im Jahr 645 mit 657 buddhistischen Schriften nach Chang'an zurück. Er erhielt von Taizong in einem Kloster der Kaiserstadt Xian einen eigenen Komplex und Mitarbeiter, um die Kernschriften des Buddhismus ins Chinesische zu übertragen.

Große Wildgans-Pagode, Xian

Die eigentliche Pagode, eine der ältesten Chinas, wurde 652 auf diesem Klostergelände von Kaiser Gaozong, Nachfolger von Taizong (Regierungszeit 650–683), errichtet, das Bauwerk orientiert sich am Stupa in Bodh Gaya, der an dem Ort steht, wo der Buddha zur Erleuchtung fand. Der eigenartige Name der Pagode geht auf Xuanzang selbst zurück, der in Indien die Vorgeburtsgeschichten des Buddha (Jatakas) kennen gelernt hatte. Darunter gibt es eine Erzählung, in der Siddhartha Gautama in einem früheren Leben als Bodhisattva gewirkt hat. Als eine Hungersnot ausbrach, verwandelte sich der Bodhisattva in eine Wildgans, die sich in den Klosterhof fallen ließ und den Menschen

Der Buddha mit seinen Schülern Shariputra und Maudgalyayana, Große Wildgans-Pagode, Xian

zur Nahrung diente. Dies verstand Xuanzang als Beispiel für ein selbstloses Leben, als Vorbild für buddhistische Gläubige, und benannte sein Kloster danach.

Die ursprünglich fünfstöckige Pagode wurde im Jahr 701 um mehrere Stockwerke erweitert, dadurch aber hielt die Statik dem Druck der Baumasse nicht stand. Zudem wurde sie in der Buddhistenverfolgung des 9. Jahrhunderts beschädigt. Im 10. Jahrhundert restaurierte man die Pagode schließlich auf die heute sichtbaren sieben Stockwerke mit einer Höhe von 73 m. Sie ist eines der wichtigsten Bauwerke des Buddhismus in China, zwei Steintafeln am Eingang erinnern an die beiden Kaiser Taizong und Gaozong, denen diese Pagode zu verdanken ist.

Die Pagode wird von einem großen Tempelgelände umgeben, dem Daci'en Si, dem Tempel der Großen Wohltätigkeit und Gnade. Dieses Kloster wurde mitunter von bis zu 3000 Mönchen bewohnt. Eine Reihe von Tempelhallen zeigt heute eine Statue des Mönchs Xuanzang, von dem als Reliquie ein Schädelknochen verehrt wird. In weiteren Hallen stehen große Buddhafiguren, aber auch daoistische Gottheiten – in China ist überall ein Synkretismus von Buddhismus und Daoismus vorherrschend.

Neben der Großen Wildgans-Pagode gibt es in Xian die Kleine Wildgans-Pagode, die mit ihren 13 Stockwerken und nur 43 m Höhe filigraner wirkt, sie stammt ebenfalls aus der Zeit der Tang-Dynastie.

Datong – Yungang-Grotten

Etwa 400 km westlich von Chinas heutiger Hauptstadt Beijing liegt inmitten eines Industrie- und Kohlereviers die Millionenstadt Datong (= Große Einheit). Sie wurde bereits um die Zeitenwende gegründet, erhielt aber erst in der Zeit der Toba-Wei (386–534) größere Bedeutung, als sie unter dem Namen Pingcheng die Hauptstadt dieser das nördliche China regierenden Dynastie wurde. Diese Nördlichen Wei machten als erste chinesische Dynastie den Buddhismus zur Staatsreligion und förderten deshalb auch den Bau von vielen Tempeln innerhalb ihrer Hauptstadt. Später, unter den nordchinesischen Liao (907–1125) und Jin (1115–1234), wurde Datong wieder Kaiserstadt, nun unter ihrem bis heute erhaltenen Namen. Aus der Zeit der Liao stammen die beiden bedeutendsten Klöster der Stadt, das Obere und das Untere Huayan-Kloster, die nach Zerstörungen und Restaurierungen bis heute erhalten sind.

Außerhalb der Stadt, etwa 15 km westlich, ließen die Wei die Yungang Shiku (Wolkengrat-Grotten) ausgestalten (ebenso wie die Mogao-Grotten bei Dunhuang, vgl. Seite 112f.). Insgesamt 53 Höhlen liegen in der Steilwand am Fluss Wuzhou, ausgestattet mit insgesamt 51 000 Figuren von Buddhas, Bodhisattvas, Arhats, Wächtergestal-

Aufführung eines »kaiserlichen« Rituals vor dem Großen Buddha in Grotte 20, Yungang-Grotten, Datong

ten und Schutzgottheiten in einer Größe von 2 cm bis 17 m. Diese Skulpturen waren wohl in kräftigen Farben bemalt, einige Farbreste haben sich in den vor der Witterung gut geschützten Höhlen bis heute erhalten. Die meisten dieser Statuen und Reliefs stammen aus der Zeit des Nördliche-Wei-Kaisers Wen Cheng (Regierungszeit 452–465). Die einzelnen Grotten unterscheiden sich in Größe und Tiefe erheblich. Manche Grotten sind große Höhlentempel, manche nur als offene Nischen ausgearbeitet. Vor Grotte 5 wurde im 17. Jahrhundert ein vierstöckiger hölzerner Vorbau errichtet. Wahrscheinlich waren in der Anfangszeit viele Grotten durch einen solchen Vorbau vor der Witterung geschützt, diese Gebäude zerfielen aber im Laufe der Jahrhunderte. Die Höhlen 16–20 sind die ältesten des ganzen Komplexes; die westlichsten Höhlen (40–53) stammen aus der Zeit nach den Nördlichen Wei und sind vielleicht nicht von Herrschern, sondern von reichen Bürgern in Auftrag gegeben worden, die durch ein solches Werk ihr Karma verbessern wollten.

Grotten 4 und 5, Yungang-Grotten, Datong

Die Themen der Höhlen sind weithin ähnlich, doch die Ausgestaltung der einzelnen Figuren ist sehr unterschiedlich und immer wieder beeindruckend. Der sitzende (meditierende) Buddha der Höhle 20 ist nur gering in den Felsen eingemeißelt und schaut deshalb auf einen großen Vorplatz hinaus. Bemerkenswert ist auch, dass einzelne hinduistische Gottheiten unter den Steinfiguren auftauchen, in Höhle 8 etwa erscheint Vishnu auf seinem Reittier Garuda, Shiva auf seinem Stier Nandi.

Vor den Höhlen liegt heute neben den üblichen touristischen Einrichtungen ein neu erbautes Kloster in einer ungewöhnlichen Stilmischung aus Alt und Neu, so wie es im China der Nach-Mao-Zeit an verschiedenen Stellen zu finden ist (etwa auf Hainan, vgl. Seite 134f.).

Hengshan – Hängendes Kloster

Die Kaiser der Nördlichen-Wei-Dynastie gaben die Tempel Datongs und die Yungang-Grotten (vgl. Seite 122f.) in Auftrag; aus ihrer Zeit, dem 6. Jahrhundert, stammt auch das wie ein Schwalbennest an einer Felswand klebende Kloster Xuankong Si (Hängendes Kloster). Das Kloster liegt an der Nordseite des Bergmassivs Hengshan, ca. 75 km südlich von Datong, das zu den fünf Heiligen Bergen des chinesischen Daoismus zählt. Weil der Hengshan unter diesen fünf wie ein geometrisches Muster über China gelegten Heiligen Bergen die Nordseite bestimmt, wird er auch Bei Yue (Nordgipfel) genannt, seine Berge erreichen eine Höhe von bis zu 2017 m. Bereits seit den nur legendenhaft erfassten Anfängen chinesischer Geschichte soll er eine Opferstätte der Kaiser gewesen sein, die auf der Bergspitze dem Himmel als Symbol des Göttlichen Opfer darbrachten, um die Harmonie von Himmel und Erde herzustellen.

Wahrscheinlich wollten die zum Buddhismus konvertierten Kaiser der Nördlichen Wei einen besonderen Akzent gegen diese daoistische Stätte setzen, als sie an den Zugangsweg zum Hengshan von Norden her in der Schlucht des Goldenen Drachen das buddhistische Kloster Xuankong errichteten. Es hängt ca. 30 m über dem Talboden und

Buddha im Xuankong Si (Hängendes Kloster) am Hengshan

»bewacht« den Zugang zum Heiligen Berg. Es ist erstaunlich, dass die Holzkonstruktion des 6. Jahrhunderts die Zeiten überdauert hat, doch der über den Gebäuden hängende Fels bewahrte das fragil erscheinende Gebilde vor der Witterung. Das Kloster wird getragen durch eine Balkenkonstruktion, die zum Teil nach innen in die Felsen und Felsspalten eingebracht wurde, zum Teil das Kloster durch Tragbalken nach unten hin abstützt. Der Zugang erfolgt von Süden über steinerne Treppen, innerhalb des Klosters aber geht es über hölzerne Treppen, Leitern und Brücken von einem Gebäude zum anderen – nur für Schwindelfreie geeignet, auch weil die Geländer sehr tief sind (zum Teil auf Kniehöhe). Die Holzkonstruktion ist ebenso wie die Dachpfannen in leuchtenden Farben gestaltet, sodass sich in der Vormittagssonne ein pittoreskes Bild des Klosters ergibt. Die Felswand selber bildet die hintere Wand der Klosterräume; in sie sind Nischen für die Buddhas geschlagen.

Xuankong Si (Hängendes Kloster) am Hengshan

Etwa 40 kleine und enge Räume sind auf die verschiedenen Klostergebäude verteilt. Sie beherbergen etwa 80 verschiedene Buddhas, Gottheiten und Wächtergestalten, die aus Ton oder Bronze gearbeitet sind, alle bunt verziert. Auch die Wände des Klosters sind mit bunten Fresken farbig ausgestaltet. In einem der Räume sind Statuen von Buddha, Laozi und Kongzi (Konfuzius) zu finden, den Vertretern der drei wichtigsten traditionellen Religionen Chinas – »drei Lehren werden zu einer vereint«, so der Name dieses Raumes.

Das Xuankong Si ist heute kein aktives Kloster mehr, es gibt dort keine Mönche. Wohl aber zählt es zu den bedeutendsten Denkmälern der Volksrepublik China.

Yingxian – Holzpagode

Je nach Land und klimatischen Bedingungen zeigen sich buddhistische Klöster sehr unterschiedlich. Aus westlicher Sicht erscheint das Statuenhaus mit den darin befindlichen Buddhafiguren als das entscheidende Gebäude im Kloster, weil es am meisten einer christlichen Kirche oder einer Moschee als Versammlungsort der Gläubigen gleicht. Doch ist in Wirklichkeit der Stupa (die Pagode) das wichtigere Bauwerk, weil er sowohl den Buddha wie die buddhistische Lehre repräsentiert.

Entstanden ist dieses zentrale Bauwerk des Buddhismus aus den Grabhügeln, die man nach dem Tod des Buddha (Eingang in das Nirvana – Paranirvana) über seinen Reliquien an verschiedenen Orten in Indien erbaute. Solche Grabhügel waren nicht begehbar. Im Laufe der Zeit änderte sich nicht allein die Bauweise und Architektur, sondern es wurden nun auch (weil es keine ausreichende Anzahl von Buddha-Reliquien gab) Reliquien bedeutender Mönche oder heilige Schriften in diese Bauwerke eingebracht.

Kloster des Buddha-Glanzes, Yingxian

In den Ländern des Mahayana (China, Korea, Japan) wurden die Stupas begehbar und bestehen aus einer meist ungeraden Zahl von Stockwerken, in denen jeweils Bildnisse der verschiedenen Buddhas oder Bodhisattvas aufbewahrt und verehrt werden. Im Mahayana-Buddhismus erweiterte man das Verständnis des Stupa durch eine kosmologische Sicht: Der Stupa ist Abbild des ganzen Kosmos. Er ist gleichsam ein dreidimensionales Mandala, das aus der (meist) quadratischen Basis, der runden Halbkugel und dem vielgestaltigen Schirm besteht. Vereinfacht ist die Basis die sichtbare Welt der Begierden und der sichtbaren Buddhas; die (Halb-)Kugel ist die geistige Welt der reinen Formen und der transzendenten Buddhas; die Spitze ist das Absolute, die Leere, das Nirvana und der Bereich des mit Sinnen nicht fassbaren Ur-Buddhas, des Adi-Buddha.

Shakya-Pagode im Tempel des Buddha-Glanzes, Yingxian

Die 1056 erbaute, 67 m hohe Shakya-Holzpagode von Yingxian, einer Kleinstadt 70 km südlich von Datong, ist das älteste erhaltene Holzbauwerk Chinas. Die zehngeschossige Pagode beherbergt innen alle zwei Geschosse eine Statue eines Buddha oder Bodhisattva, meist des Buddha Shakyamuni, des historischen Siddhartha Gautama nach seiner Erleuchtung – deshalb der Name der Pagode, die vom Kloster des Buddha-Glanzes im chinesischen Stil umgeben ist.

Beijing – die Tempel im Westen

Beijing, die heutige Hauptstadt Chinas, ist in ihren kulturellen Stätten vor allem von den Bauten der Kaiserzeit wie dem Kaiserpalast bestimmt. Zu den kaiserlichen Bauten gehören auch die vier Kultstätten (Himmelsaltar – Erdaltar – Sonnenaltar – Mondaltar), die dem Volk nicht zugänglich waren, in denen der Kaiser durch Opferriten die Harmonie von Himmel und Erde herzustellen versuchte. Zum religiösen Bild dieser Stadt gehören weiterhin die daoistischen Tempel wie der Baiyun Guan (Tempel der Weißen Wolken) und die konfuzianische Stätte Kong Miao (Konfuzius-Tempel). Der Vajrayana-Buddhismus ist mit dem Yonghe Gong vertreten (Lamatempel, vgl. Seite 182), der Mahayana-Buddhismus mit zahlreichen Tempeln wie dem Fayuan Si (Tempel der Gesetzesquelle) oder dem Guangji Si (Tempel der Allgemeinen Nächstenliebe).

Doch bedeutender als die Stadttempel sind die westlich von Beijing in den Xi Shan (Westbergen) liegenden buddhistischen Stätten – dies sind vor allem die folgenden vier:

- Der Tanzhe Si (Tempel des [Drachen-]Teichs [tan] und der Wilden Maulbeere [zhe]) stammt aus dem 3., die heutigen Hallen aus dem 17. Jahrhundert und liegt malerisch an einem Berghang. Hier wird besonders der transzendente Buddha Vairocana verehrt.

Tanzhe-Si (Tempel des Drachen-Teichs und der Wilden Maulbeere), westlich Beijing

- Der Jietai Si (Tempel des Weihealtars) wurde bereits 622 gegründet; ab dem 11. Jahrhundert diente er vor allem der Mönchsweihe. Eine Fülle von Statuen schmückt den Tempel.
- Der Biyun Si (Tempel der Azurblauen Wolke) ist ein zum Tempel umgebauter Palast des 14. Jahrhunderts, dessen 35 m hohe Diamantthron-Pagode über das Tal leuchtet. Eine Halle zeigt 500 Luohan (Schüler des Buddha) aus vergoldetem Holz.
- Der Wofo Si (Tempel des Schlafenden Buddha) stammt aus dem 7. Jahrhundert und zeigt eine 5,3 m lange Bronzefigur des ins Nirvana eingehenden Buddha.

Die Buddhas der fünf Himmelsrichtungen auf der Kugel des Kosmos, Fayuan-Si, Beijing

Die Buddhas der fünf Himmelsrichtungen: Der Fayuan-Si im Südwesten Beijings ist der älteste Stadttempel, etwa um 600 gegründet, seitdem vielfach verändert. Der Theravada-Buddhismus kennt in einer Weltzeit nur einen Buddha (mit vielen Vorgeschichten); der Mahayana geht von einem komplizierten System vieler Buddhas aus: In der obersten, transzendenten Ebene ist der nicht darstellbare Ur-Buddha, das kosmische Prinzip der Buddhaschaft, das alles umfassende Prinzip. Aus ihm gehen die Buddhas der fünf Himmelsrichtungen hervor (vier Himmelsrichtungen wie bei uns und zusätzlich die Mitte darüber). Diese Buddhas der zweiten Ebene werden Dhyani-Buddhas genannt (in Sanskrit »dhyani« = »Meditation«), weil man durch bestimmte Meditationstechniken mit ihnen Kontakt aufnehmen kann. Jeder der Dhyani-Buddhas herrscht über eine Himmelsrichtung: Zentrum = Vairocana; Osten = Akshobhya; Süden = Ratnasambhava; Westen = Amitabha; Norden = Amoghasiddhi.

Shanghai – Jadebuddha-Tempel

Buddhistische Tempel zeigen eine oft verwirrende Anzahl verschiedener Buddhafiguren, im Mahayana und Vajrayana auch Statuen von Bodhisattvas, Wächtergottheiten (die vier Himmelskönige) und anderen Schutzgottheiten, dazu Luohan, Äbte, Mönche ... Doch lässt sich die Figurenvielfalt bei den Buddhadarstellungen auf einige Grundformen zurückführen:

Der Buddha wird in vier Haltungen gezeigt: Die häufigste Darstellung ist der sitzende Buddha – entweder in der Bhumisparsa-Mudra (Erdanrufung, Symbol für die Erleuchtung des Buddha, weil er im Zusammenhang damit dic Erdgöttin als Zcugin für seine Verdienste in früheren Wiedergeburten anruft, deshalb zeigt die rechte Hand zur Erde) oder in der Dhyani-Mudra (Meditationshaltung mit beiden wie eine Schale ineinander gelegten Händen – Symbol der buddhistischen Lehre). Hinzu kommt der liegende Buddha, der in der Regel Buddhas Eingang in das Paranirvana (das vollständige Erlöschen) zeigt, manchmal wie im Bild unten auch nur den ausruhenden Buddha. Hinzu kommen vor allem im Theravada Südostasiens der stehende oder sehr selten der schreitende Buddha – hier ist der Buddha Wegweiser, der die Lehre vorgeben kann, weil er selber den Weg zur Erleuchtung gegangen ist.

Liegender Buddha, Jadebuddha-Tempel, Shanghai

Der Yofo Si (Jadebuddha-Tempel) in Shanghai ist der am meisten besuchte buddhistische Tempel der Metropole. Er kann nicht auf eine alte Geschichte zurückblicken, sondern stammt aus der Anfangszeit des 20. Jahrhunderts. Seine Bedeutung, die ihn zum Ziel vieler Gläubigen und Touristen macht, liegt in zwei kostbaren Statuen aus weißer Jade aus Myanmar, die von einem Mönch nach Shanghai gebracht wurden. Die wichtigere Statue ist die ca. 2 m große und eine Tonne schwere Figur des sitzenden Buddha in Bhumisparsa-Mudra, kostbar mit Edelsteinen geschmückt. Sie ist zusammen mit einer Fülle alter buddhistischer Schriften im Obergeschoss des Tempels untergebracht.

Zentraler Buddha (Bhumisparsa-Mudra), Jadebuddha-Tempel, Shanghai

In einer Seitenhalle der linken Seite ist die zweite Jadefigur in einer eigenen Halle auf einem Altar angebracht – eine 96 cm lange und wunderschön gearbeitete Statue des liegenden Buddha, der den Betrachter anschaut. Es gibt noch eine dritte Jadefigur im Tempel, dies ist der Bodhisattva des Mitleids, Avalokiteshvara mit »tausend« Armen, damit er den Notleidenden überall auf der Welt helfen kann. Auch diese Statue ist das Ziel vieler Gläubigen, die Opfer darbringen (Blumen, Früchte), Räucherstäbchen anzünden und vor der Statue beten. Die weiteren Hallen des Jadebuddha-Tempels zeigen die in China üblichen Himmelskönige, den dickbäuchigen Buddha der Zukunft, Maitreya, und die Buddhas der drei Weltzeiten Vergangenheit, Gegenwart und Zukunft. Das die Tempelhallen umgebende Kloster wird von Chan-Mönchen bewohnt, der Meditationsrichtung des Mahayana-Buddhismus.

Avalokiteshvara, Jadebuddha-Tempel, Shanghai

Guangzhou – Tempel der Sechs Banyan-Bäume

Aus dem hinduistischen Raum wird im Buddhismus die Vorstellung von »Weltzeitaltern« übernommen. Sie ergeben einen Zyklus von immer wiederkehrenden Abläufen: Entstehung einer Welt – Fortdauer der entstandenen Welt – Untergang – Chaos oder Vernichtungszustand (vgl. auch die vier Jahreszeiten und den Wechsel von Aussaat, Wachsen, Ernte und Ruhezeit in bäuerlichen Gesellschaften wie der indischen). Nach buddhistischer Auffassung tritt in jedem Weltzeitalter ein Buddha auf, der zur Erleuchtung findet, danach die Lehre (Dharma) verkündet und eine Gemeinschaft (Sangha) gründet. Somit wird das jetzige Weltzeitalter mit Siddhartha Gautama als Buddha in eine zeitliche Linie gestellt, bei der es Vorzeitbuddhas gibt, aber auch einen Buddha der Zukunft, der nächsten Weltperiode.

Alle Vorzeitbuddhas haben auf der Erde als Menschen gelebt, sie werden als »menschliche Buddhas« bezeichnet, nach einer späteren theravadischen Liste sollen es 24 sein, die letzten sechs sind mit Namen bekannt und gehen dem Buddha unserer Zeit (Siddhartha Gautama, der Buddha Shakyamuni) unmittelbar voraus. Dabei haben der letzte der Vorzeitbuddhas vor Siddhartha Gautama und der Buddha der Zukunft im Mahayana eine besondere Bedeutung gewonnen: Kashyapa (auch Kassapa) und Maitreya. Zusammen mit dem Buddha der Jetzt-Zeit, Siddhartha Gautama aus dem Geschlecht der Shakyamuni (Buddha Shakyamuni, Shakya-Buddha), werden Kashyapa und Maitreya in Mahayana-Tempeln oft als Trias für drei Zeiten dargestellt: Vergangenheit – Gegenwart – Zukunft. In jeder Zeit gibt es einen Buddha.

Beterin im Tempel der Sechs Banyan-Bäume, Guangzhou

Maitreya weilt zur Zeit noch als Bodhisattva im Götterhimmel und wird 5000 Jahre nach dem Verlöschen des Buddha Gautama kommen, um die bis dahin vergessene Lehre neu zu künden. Weil er noch kein Buddha ist, wird er in der Regel stehend oder in europäischer Sitzhaltung dargestellt.

Der Tempel der Sechs Banyan-Bäume (Liurong Si) ist der Haupttempel der südchinesischen Stadt Guangzhou (Kanton). Er ist zugleich der älteste Tempel der Stadt, seine Gründung geht auf das Jahr 537 zurück. Mehrfach brannte der Tempel nieder und wurde von den Mönchen danach wieder aufgebaut. Der eigenartig chinesisch-blumige Name stammt von einem Dichter des 12. Jahrhunderts, der bei einem Besuch im Tempel von den dort stehenden riesigen Banyan-Bäumen (*Ficus benghalensis*) beeindruckt war. Heute erinnert nur noch eine Kalligraphie dieses Dichters an die Bäume, der Tempel selbst ist eingeengt von der dichten Bebauung der Altstadt von Guangzhou.

Die Haupthalle des Tempels beinhaltet die Buddhas der drei Weltzeitalter. Oft wird statt Kashyapa auch Amitabha als links sitzender Buddha genannt, doch passt dieser transzendente Buddha nicht in das System der Weltzeitbuddhas. Die ca. 6 m hohen Statuen stammen aus dem 17. Jahrhundert.

Das Wahrzeichen der Stadt ist innerhalb des Tempels aber nicht die Haupthalle, sondern eine neunstöckige und 57 m hohe Pagode, die wegen ihrer farbigen Bemalung »Blumenpagode« (Hua Ta) genannt wird und im 11. Jahrhundert auf dem Ort einer älteren Pagode neu errichtet wurde. Auch gibt es im Tempel eine »Halle der Barmherzigkeit« mit einer Statue der barmherzigen Guanyin darin.

Die Buddhas der drei Zeiten, Tempel der Sechs Banyan-Bäume, Guangzhou

Hainan – Südberg-Tempel

An der Südspitze Chinas, bereits im vietnamesischen Golf von Tonkin, liegt die 260 x 210 km große Insel Hainan (Südmeer). Sie bildet den Abschluss Chinas nach Süden, deshalb wird an ihrer südlichsten Spitze bei der Stadt Sanya auch das »Ende der Welt« (Tienyahaijiao) besucht – aus der Sicht des Reiches der Mitte hört im Süden die Kultur auf. Die Welt der Barbaren beginnt hier ebenso, wie sie im Norden nördlich der Großen Mauer zu finden ist.

An dieser südlichen Spitze liegt seit einigen Jahren auch eine mit Hilfe der Regierung neu errichtete weitläufige Tempelanlage inmitten eines großen Parks, der Nanshan Si (Südberg-Tempel). Sie ist Ziel vieler Chinesen, die auf Hainan Urlaub machen. Die einzelnen Hallen und Gebäude des Tempels sind eine Mischung aus religiöser Stätte und Disney-Park, beherbergen aber bei genauerer Sicht durchaus einige kostbare Statuen von Buddhas und Bodhisattvas.

Dazu gehören die drei Weltzeitbuddhas, die in der Haupthalle von reich geschmückten Mandorlen umgeben sind. Es gehört dazu auch eine Avalokiteshvara-Statue mit vielen Armen, die eher in den tibetischen Raum passt. Weitere Statuen und auch Thangkas mit Schutzgottheiten und Bodhisattvas (wie Manjushri) runden das Bild der vielen buddhistischen Gottheiten ab. Ebenso allerdings sind im Tempelbereich Astrologen zu finden und eigenartige Spiele, die das eigene Horoskop bestimmen – Hinweis auf die synkretistische und oft magische Haltung vieler Chinesen.

Die Buddhas der drei Weltzeitalter, Nanshan-Tempel (Südberg-Tempel), Sanya, Hainan

Den Höhepunkt des ganzen Tempelbereiches allerdings bildet eine 108 m hohe Statue der Guanyin, der chinesischen Version des Bodhisattva des Mitgefühls, etwas weiter östlich bereits im Meer gelegen. Sie gießt in den vier Himmelrichtungen das Wasser des Mitleids aus und wird deshalb als schützende Mutter verehrt. Wenn man von Süden aus mit dem

Guanyin, Nanshan-Tempel (Südberg-Tempel), Sanya, Hainan

Schiff China erreicht, ist diese im Jahr 2005 fertiggestellte Statue (die viertgrößte Statue der Welt) das Erste, was man von China sieht. Dies kann man auch als Zeichen dafür werten, dass der Buddhismus in China nach der Verfolgungszeit zu neuer Blüte erwacht.

(Süd-)Korea

Unter Korea wird in diesem Kapitel Südkorea verstanden – zu Nordkorea vgl. den Kasten auf Seite 137. In Südkorea leben ca. 50 Millionen Menschen auf einem Drittel der Fläche Deutschlands, etwa die Hälfte von ihnen im Großraum Seoul. Das erste Königreich Alt-Joseon wurde bereits 2333 v. Chr. gegründet; in der Zeit der drei Königreiche Goguryeo, Baekje und Silla kam der Buddhismus von China aus im 4. und 5. Jahrhundert in das Land und wurde Staatsreligion in den drei Reichen. Ab 676 gab es ein vereinigtes Silla-Reich, dem das Goryeo-Reich folgte – in beiden Reichen wurde der Buddhismus stark gefördert. Das änderte sich in der Joseon-Dynastie (ab 1392), die den Konfuzianismus als Staatsideologie übernahm und den Buddhismus als korrupt verfolgte. Deshalb zogen sich die buddhistischen Klöster in abgelegene Gebirgstäler zurück, wo auch heute noch die meisten buddhistischen Stätten zu finden sind.

Sokcho – Naksansa

Der Buddhismus kam in seiner Mahayana-Schulrichtung aus China in einer Zeit nach Korea, in der der Gesamteinfluss Chinas auf Korea in Gesellschaft, Kultur, Schrift (nicht gesprochene Sprache) und auch Religion vorherrschend war. Dies betrifft zum einen die Übernahme der konfuzianischen Gesellschaftsordnung, die in beiden Koreas auch heute noch von hoher Bedeutung ist. Dies betrifft aber auch die Übernahme eines chinesisch geprägten Buddhismus. Dieser wurde allerdings in Korea durchaus angepasst, sodass eine speziell koreanische Form des Buddhismus entstand. Die Königreiche im ersten Jahrtausend nach der Zeitenwende waren wesentlich vom Buddhismus geprägt. Die Blütezeit des koreanischen Buddhismus liegt in der Zeit der Silla- und Goryeo-Dynastie – alle wichtigen buddhistischen Stätten in Korea stammen aus dieser Zeit; königliche Herrschaft und Religion gingen eine Symbiose ein und schufen so die unverwechselbare Kultur Koreas. Von Korea aus gelangte der Mahayana-Buddhismus auch nach Japan (vgl. Seite 148ff.).

Dachgebälk im Naksansa, Sokcho

Der Naksansa (Tempel [sa] am Berg Naksan) stellt ein typisches Beispiel buddhistischer Kultur in Korea dar. Er liegt ca. 12 km südlich der Stadt Sokcho an der Ostküste Koreas. In einem weitläufigen Park faszinieren die Tempelgebäude durch ihre Lage am Meer, architektonische Gestalt und Farbgebung. Der Tempelbau wurde 671 n. Chr. begonnen, also zu Anfang des vereinten Silla Reiches. Eine 15 m hohe Statue der Kwan-se-um (chinesisch Guanyin) stammt allerdings aus der Neuzeit (1977) und blickt auf die Ostsee Koreas. Wiederholt brannte der ganz aus Holz geschaffene Tempel nieder, zuletzt 2005, wurde aber jeweils in alter Form wieder aufgebaut.

(Nord-)Korea

Die Demokratische Volksrepublik Korea (Nordkorea) umfasst den nördlichen Teil der koreanischen Halbinsel mit ca. 24 Millionen Einwohnern auf einer etwa gleich großen Fläche wie Südkorea. Obwohl die Verfassung die freie Religionsausübung garantiert, sind alle Religionen von Verfolgung bedroht, auch der Buddhismus. Wichtige buddhistische oder andere kulturell bedeutsame Orte gibt es in Nordkorea nicht.

Seoraksan – Singheungsa: der Große Buddha

An der Ostküste Südkoreas, nicht weit von der Demarkationslinie zu Nordkorea entfernt, liegt im Taebaek-Gebirge der wohl schönste Nationalpark Koreas, der nach dem höchsten Berg (san) Seorak (1708 m) dieses Gebirges benannt und nicht weit von der Hafenstadt Sokcho entfernt ist.

In einem Tal dieses Naturparks liegt der Baekdamsa, ein Tempel, der während der Herrschaft der Königin Jin-Deok (Regierungszeit 647–654) erbaut wurde. Immer wieder zerstörten Feuersbrünste diesen Tempel, der wie alle koreanischen Tempel vollständig aus Holz gebaut war – und stets wurde der Tempel unter wechselnden Namen wiederaufgebaut und erneuert, zuletzt im Jahr 1957.

Kostbarster Schatz dieses Tempels und zugleich koreanischer Nationalschatz Nr. 1182 ist ein hölzerner Buddha Amitabha (Amitayus), der Buddha des Unermesslichen Lichtglanzes aus dem Jahr 1748. Er ist einer der fünf transzendenten Buddhas oder Buddhas der Himmelsrichtungen (vgl. Seite 129), der Bodhisattva Avalokiteshvara (chinesisch Guanyin, koreanisch Kwan-se-um) ist eine Emanation dieses Buddha Amitabha.

Am Großen Buddha im Seoraksan-National Park

Nicht weit von diesem Kloster entfernt findet sich inmitten der Berglandschaft eine Kolossalstatue des Buddha aus Bronze, ca. 17 m hoch. Auf einem steinernen Fundament sitzt auf einer Lotosblüte ein Buddha Shakyamuni in der Bhumisparsa-Mudra, der Handhaltung der Erdanrufung. Hinter seinem Kopf ist ein Strahlenkranz angebracht, der Ausdruck der Verehrung des Buddha durch die Gläubigen ist. Zu diesem Buddha kommen Pilger aus ganz Korea, aber auch die Bergwanderer machen hier Station, bevor sie sich auf den Weg zu den Berggipfeln begeben. Die Verehrung des Buddha geschieht durch Kerzen und Räucherstäbchen, aber auch durch Niederwerfen vor ihm.

Großer Buddha im Seoraksan-National Park

Ostasien (China, Korea, Japan) ist für solche Monumentalstatuen des Buddha bekannt – vgl. in China die Guanyin-Figur im Nanshan-Si (Seite 134f.) oder in Japan den Buddha von Kamakura (Seite 158f.). Vor solchen Statuen wird der Mensch klein und zur Verehrung angeregt – das ist das Ziel dieser gewaltigen Buddhas und Bodhisattvas.

Golgulsa – Der Felsen-Buddha und Sunmudo

Etwa 20 km östlich von Gyeongju, Hauptstadt der Silla-Dynastie und wohl wichtigstes kulturelles Zentrum in Südkorea, liegt ein wenig versteckt wie die meisten buddhistischen Klöster Koreas das Golgulsa, das Kloster Golgul. Dieses Kloster zeichnet sich durch zwei Besonderheiten aus: durch den Felsen-Buddha und die im Kloster praktizierte Kampfkunst Sunmudo (auch Seonmudo).

Im 6. Jahrhundert kamen indische Mönche an den Ort des heutigen Klosters Golgul – dies war kurz nach der Zeit, in der der indische Mönch Bodhidharma in der Nähe von Luoyang das Kloster Shao Lin Si gründete und dort die Grundlage für den Kampfsport Kungfu ersann (vgl. Seite 116f.). Es ist denkbar, dass diese ersten Mönche von Golgulsa aus Shao Lin Si stammten. Am Ort des heutigen Klosters fanden die Mönche zwölf Felsenhöhlen, die sie als erste Mönchszellen nutzten; davor errichteten sie Klostergebäude. Beeindruckend ist neben dem Kloster die in den Felsen geschlagene etwa 6 m hohe Figur des Maya Tathagata Buddha. Der Sanskrit-Name »Tathagata« bedeutet »Der so Gegangene, so Gekommene«, ein Hinweis auf die Vollendung des Buddha Shakyamuni (Siddhartha Gautama). Der Name Maya ist eine Erinnerung an die Mutter des Siddhartha, die Fürstin Maya. Im Mahayana ist der Tathagata zum einen der vollkommene, zur Erleuchtung gelangte Mensch, zum anderen auch ein kosmisches Prinzip, das Absolute und als solches gleichzusetzen mit den fünf transzendenten Buddhas sowie mit dem Adi-Buddha, der Verkörperung absoluter Wahrheit

Der Felsen-Buddha im Golgulsa

Mönche beim Sunmudo-Training, Golgulsa

und absoluter Leere (Nirvana). Durch die beiden Namen Maya und Tathagata wird bei diesem Felsenbild also zum einen auf die irdische Existenz des Siddhartha Gautama, des irdischen Buddha, verwiesen und zugleich auf seine Einheit mit dem absoluten Buddha und der Leere (Sunjata) als mahayanischem Grundprinzip der Welt.

Ähnlich Bodhidharma im Shao Lin Si, der zwischen die langen Sitzmeditationen seiner Mönche Bewegungsübungen einschob, kennt auch Golgulsa vergleichbare Übungen. In Shao Lin Si entstand in den Jahrhunderten nach Bodhidharma aus solchen Übungen die Kampfkunst Kungfu, in Golgulsa ist es Sunmudo oder auch Bulmudo genannt (Bul für Buddha, Mu für Übung, Kampf, Do für Weg) – eine der vielen Kampfsportarten in Ostasien. Doch geht es bei solchen Übungen vorrangig um Meditation in der Stille, bei der der Übende sich selbst ganz unter Kontrolle bringt – diese Meditationsform heißt Seon (koreanisch), Chan (chinesisch) oder Zen (japanisch). Dieses »stille« Training wird gefolgt vom »aktiven« Training mit Körperübungen und dann auch mit Kampfkunst, die aber als Ziel nicht die Vernichtung eines Gegners kennt, sondern die eigene Körperkontrolle und Selbstbeherrschung. Das eigentliche Ziel von stillem wie aktivem Training ist das Erreichen der Erleuchtung.

Gyeongju – Seokguram-Grotte

Das Silla-Reich ist eines der drei alten Reiche Koreas, die bis 654 Bestand hatten. Danach wurde Korea zum ersten Mal in seiner Geschichte unter der Silla-Dynastie geeint – die Hauptstadt der Sillas war Gyeongju im Südosten der koreanischen Halbinsel. Im Jahr 935 wurde die Herrschaft der Silla durch die der Goryeo beendet.

In der weitläufigen Stadt Gyeongju, heute von ca. 250 000 Menschen bewohnt, liegen vielerlei archäologische Stätten, etwa im Tumuli-Park die Erdhügel der Königsgräber der Silla; auch gibt es in der Stadt die älteste bekannte Sternwarte. Im Osten der Stadt liegen zwei der wichtigsten buddhistischen Stätten des Landes: die Seokguram-Grotte und der Bulguksa (Tempel Bulguk, vgl. Seite 144f.). Beide Heiligtümer gehören zusammen und stammen aus dem 6. bis 8. Jahrhundert und stellen den koreanischen Nationalschatz Nr. 24 dar.

Die Seokguram-Grotte ist seit 1995 Weltkulturerbe der UNESCO. Diese Tempelanlage wurde in der Zeit von 751 bis 774 errichtet und bildete das »buddhistische Herz« des Silla-Königreiches. In der Zeit der konfuzianischen Joseon-Dynastie (ab 1392) geriet die Grotte in Vergessenheit, ihre ausschmückende Architektur zerfiel; erst 1909 wurde sie wieder entdeckt und später auch restauriert.

Seokguram-Grotte, Gyeongju

Anders als viele Grotten in Ostasien (vgl. etwa die Mogao-Grotten bei Dunhuang, Seite 112f., oder die Longmen-Grotten bei Luoyang, Seite 118) ist die Seokguram-Grotte keine natürliche Höhle und auch kein aus dem gewachsenen Fels geschlagener Raum. Vielmehr wurde – und zwar erst nach der Aufstellung der zentralen Buddhastatue – ein Gewölbe aus großen Steinblöcken errichtet. Danach schüttete man Lehm über diesen Steinbau an, so dass er wie ein natürlicher Hügel erscheint.

Buddha in der Seokguram-Grotte, Gyeongju

Die Grotte hat heute einen kleinen Vorbau mit schön geschwungenem Dach, der zu ihrem Schutz dient. Innen gelangt man in eine rechteckige Vorhalle, die die Außenwelt vom Innenraum mit dem Buddha abschirmt. Hier lassen die Gläubigen die irdische Welt zurück, um sich ganz auf die buddhistische Lehre zu konzentrieren. Hier bitten sie auch um Hilfe auf ihrem spirituellen Weg. Die in der Vorhalle dargestellten Wächterfiguren und Schutzgottheiten sind solche Hilfen auf dem Weg, doch auch diese übermenschlichen Wesen sind noch vom Leid der Wiedergeburten erfasst, sie sind vergänglich und stellen nicht das Eigentliche des buddhistischen Dharma dar. Das Rechteck der Vorhalle verweist in Ostasien auf die Erde.

Durch einen Korridor gelangt man zur Hauptgrotte, die als kreisrunder Raum mit runder Kuppel wie in Ostasien üblich den jenseitigen Bereich, den Himmel, symbolisiert – dementsprechend sind an den Wänden Bodhisattvas und Schüler des Buddha eingemeißelt. Im Zentrum dieses Raumes sitzt eine ca. 3,5 m hohe Statue des Siddhartha Gautama, des Buddha unserer Weltzeit, auf einer Lotosblüte in der Bhumisparsa-Mudra. Über ihn als Lehrer und Wegweiser kann der Gläubige zur Erleuchtung und Erlösung vom Leid kommen.

Gyeongju – Bulguksa

Der Bulguksa ist der größte und bedeutendste Tempel der Silla-Dynastie. Seine Ursprünge gehen auf das Jahr 528 zurück, doch zur heutigen Größe ausgebaut wurde er im 8. Jahrhundert, der Blütezeit der Silla. Die Anlage des Tempels zieht sich einen Hang empor, zahlreiche Tempelhallen, Pagoden, Tore, Treppen und Nebengebäude gliedern das Tempelareal. Der Name Bulguksa setzt sich zusammen aus Bul für Buddha, Guk für Land und Sa für Tempel – der »Tempel des Buddhalandes«. Heute enthalten die Anlagen sieben Nationalschätze Koreas: zwei Pagoden (Dabotap und Seokgatap), zwei Treppenanlagen (Ch'ongun und Paegun bzw. Yonhwa und Ch'ilbo), zwei transzendente Buddhas (Amitabha und Vairocana) und einen Reliquienbehälter. Trotz mancher Plünderung und teilweiser Zerstörung nach der Silla-Zeit stammt der Grundbestand der heutigen Tempelgebäude immer noch aus dem 8. Jahrhundert. Auch der Bulguksa ist UNESCO-Weltkulturerbestätte.

Seokgatap (Buddha-Pagode), Bulguksa, Gyeongju

Über die 33 Stufen der Ch'ongun- und Paegun-Brücke steigt man steil hinauf zum Eingangstor, dem »Tor des purpurfarbenen Nebels« – hinter diesem Tor öffnet sich ein Platz mit den beiden Steinpagoden Dabotap und Seokgatap und der Haupthalle des Tempels, dem Taeung-Jon (Halle der großen Erleuchtung) mit ihren drei Türen und geschwungenem Dach. Diese Halle beherbergt in der Mitte einen Shakyamuni-Buddha, den Buddha unserer Weltzeit, die rechte Hand in der Lehrgeste, die linke in Meditationshaltung. Er wird begleitet von zwei weiteren »geschichtlichen« Buddhas: einem Vorgänger des Buddha in einer früheren Weltzeit Dipamkara (Anzünder des Lichts [der buddhistischen Lehre]) und dem Buddha der Zukunft, Maitreya (dem Buddha der universalen Liebe und Güte [in Sanskrit maitri]).

Die Seobgatap-Pagode ist mit ihren drei Stockwerken ca. 8 m hoch: Sie symbolisiert die buddhistische Lehre und das beständige Lernen. In ihrem Sockel wurde ein alter Holzblockdruck gefunden, die Sutra vom Reinen Licht, eine Dharani, ein Meditationstext mit magischem und symbolischem Inhalt, der auf den Kern der buddhistischen Lehre hinweist. Die etwas größere Dabotap-Pagode in ihrer architektonisch komplizierten Gestalt erinnert an eine alte Legende von dem Steinhauer Asadal und seiner Frau Asanyo – tragisch, weil Asadal die Arbeit an der Seobgatap-Pagode für wichtiger hielt als die Liebe zu seiner Frau.

Eine Reihe weiterer Tempelhallen umgibt diesen zentralen Bereich von Bulguksa. In der Halle Kungnakchon (Paradieshalle) sitzt ein vergoldeter Bronze-Amitabha aus dem 9. Jahrhundert. Diese Statue zeigt eine ungewöhnliche Haltung der linken Hand, die halb offen dem Betrachter zugewandt ist. In der Halle Pirojon ist eine vergleichbare Figur des Buddha Vairocana zu finden, seine Handhaltung führt den Zeigefinger der rechten Hand in die linke Faust – ein Symbol der buddhistischen Lehre, die alles durchdringt.

Kwanum-Jon, (Kwan-se-um, Halle des Avalokiteshvara), Bulguksa, Gyeongju

Haeinsa – Tempel des Buches

Im Süden der koreanischen Halbinsel, nahe der Stadt Daegu, liegt der Haeinsa. Der Name dieses Klosters Haein geht auf ein mahayanisches Sutra zurück, das Avatamsaka-Sutra, Blumengirlanden-Sutra, das die Grundlage für viele buddhistische Schulen Ostasiens bildet. Der Haeinsa symbolisiert unter den drei buddhistischen Juwelen (Buddha, Dharma = Lehre, Sangha = Gemeinschaft) die Lehre, weil in ihm mit dem Tripitaka in seiner koreanischen Übersetzung die Grundschriften nicht nur des Theravada-, sondern auch des Mahayana-Buddhismus seit dem Jahr 1398 aufbewahrt werden. Volkstümlich wird der Tempel deshalb auch der Tempel des Buches genannt.

Haeinsa geht aber auf die Zeit weit vor dem Druck der Tripitaka Koreana zurück; er wurde in der Spätzeit der Silla-Herrschaft im Jahr 802 gegründet, der Legende nach aus Dankbarkeit des Silla-Königs Aejang gegenüber zwei Mönchen, die seine Frau geheilt hatten. Doch auch unter den Goryeo-Königen, die der Silla-Dynastie folgten, wurde dieses versteckt in den Bergen gelegene Kloster in hohem Maß unterstützt und weiter ausgebaut. Immer wieder fanden Renovierungen einzelner Tempelhallen statt. Nach einem großen Brand im

Tripitaka Koreana: Die Tripitaka (Dreikorb) ist eine Sammlung von Lehrreden und Ordensregeln des Theravada, die ca. 70 v. Chr. im Kloster Aluvihara in Sri Lanka erstmals schriftlich aufgezeichnet wurden. Diese Texte wurden in Korea im 13. Jahrhundert auf 81 258 Druckplatten aus Kirschbaumholz von ca. 70 x 24 cm Größe und einem Gewicht von jeweils 3,5 kg eingearbeitet und als Druckvorlage genutzt. Zu diesem Zeitpunkt kannte Korea bereits den Druck mit beweglichen Lettern (damit früher als Johannes Gutenberg in Europa, der um 1450 eine vergleichbare Erfindung machte). Doch blieb man bei den zentralen buddhistischen Texten bei der traditionellen Herstellungsweise mit Druckstöcken, die von Hand gearbeitet wurden. Diese Druckplatten wurden zu 6000 Bänden zusammengeführt und sind seit 1995 Weltkulturerbe.

Jahr 1817, bei dem die Druckstöcke allerdings unversehrt blieben, wurde der Tempel wieder aufgebaut.

Heute finden sich auf dem Tempelgelände etwa 90 Gebäude: Im oberen Teil sind die beiden mit zwei verbindenden Korridoren zu einem großen Rechteck geformten Hallen, die die Tripitaka Koreana aufbewahren. Diese Hallen haben eine natürliche Belüftung und Kühlung durch ein ausgeklügeltes Fenstersystem, sodass die kostbaren Holzdruckstöcke die Jahrhunderte unbeschädigt überstehen konnten. Als man gegen Ende des 20. Jahrhunderts Versuche mit einer künstlichen Klimatisierung machte, ergab dies ein schlechteres Ergebnis, sodass man zur traditionellen Form zurückkehrte.

Vor diesen großen Hallen liegt, wie häufig in Korea durch eine Steintreppe erreichbar, die Haupthalle Daejeobkwangjeon (Halle des Großen Lichtes und der Stille). Ihre innere Mitte ist eine Statue des Buddha Vairocana, des transzendenten Buddha der Mitte, der oft mit dem Adi-Buddha, dem Ur-Buddha, gleichgesetzt wird. Er ist hier das Gestalt gewordene Symbol für die buddhistische Lehre überhaupt, die in den Hallen dahinter verschriftlicht im Tripitaka Koreana zugänglich ist.

Weitere Hallen beherbergen Buddha- und Bodhisattva-Statuen. Zudem gibt es eine Reihe von Eremitenklausen, dazu Steinpagoden, ein Bodenlabyrinth für die Pilger und anderes mehr im Haeinsa.

Blick vom Haupttempel (links) zur vorderen Halle der Bücher, Haeinsa

Japan

Das ostasiatische Kaiserreich Japan mit seinen über 6000 Inseln ist ethnisch und sprachlich homogen, das religiöse Bild ist dagegen sehr gemischt. Der Buddhismus kam – zusammen mit vielen kulturellen Besonderheiten wie Kampfkunst, Teezeremonie und auch 2000 Schriftzeichen – als Mahayana-Schulrichtung im 5. und 6. Jahrhundert von China aus über Korea nach Japan. Dort gliederte er sich in sehr unterschiedliche Richtungen: Der Amida-Buddhismus (vom transzendenten Buddha des Westens Amitabha, japanisch Amida) ist ein reiner Vertrauens-Buddhismus; allein die Anrufung dieses Buddha rettet. Der Zen-Buddhismus dagegen setzt – eher vergleichbar dem Theravada – auf Erleuchtung (Satori) aus eigenem Tun (Vorrang der Sitzmeditation wie im chinesischen Chan, vgl. Seite 116f., oder im koreanischen Seon, vgl. Seite 140f.). Neben dem Buddhismus sind Shinto, Daoismus und Konfuzianismus in Japan von Bedeutung.

Miyajima – Pagode auf der Shinto-Insel

In der Bucht vor der Stadt Hiroshima liegt die Insel Miyajima (»Schrein-Insel«, eigentlicher Name: Itsukushima), die für ihr im Wasser stehendes rotes Eingangstor bekannt ist. Dieses Torii vor dem Panorama des vor der Insel liegenden Shinto-Schreins und dem 535 m hohen Berg Misen ist wohl das bekannteste Fotomotiv Japans. Die Insel gilt als heilig: Geburten und Todesfälle dürfen auf ihr nicht stattfinden, Frauen sind erst seit einigen Jahrzehnten auf der Insel zugelassen.

Das rote Torii ist die Eingangspforte zum Schrein, bedeutet also den Übergang von der Diesseitswelt (Hiroshima) zur anderen spirituellen Welt der Kami, der Geister der Shinto-Religion. Diese werden im 593 erbauten Itsukushima-Schrein verehrt, der in der kleinen Bucht auf Pfeilern steht, sodass er zu schwimmen scheint. Die heutige Bausubstanz stammt aus dem 12. Jahrhundert.

Miyajima mit seinem Shinto-Schrein ist zugleich ein typisches Beispiel des japanischen Synkretismus, in dem Shinto und Buddhis-

Die fünfstöckige Pagode und der Senjokaku-Schrein, Insel Miyajima, vor Hiroshima

mus vermischt werden. Shinto (japanisch »Weg der Götter« von chinesisch shendao = »Weg der Geister«) ist eine animistisch-schamanistische Religionsform, die viele Elemente vergleichbar anderen Naturreligionen enthält: Alles ist beseelt, eine Fülle von Gottheiten und Geistern durchwebt den Kosmos.

Diese japanische Naturrcligion wird nun häufig mit dem Buddhismus in seiner japanischen Form verbunden. Bereits im 9. Jahrhundert hatte der buddhistische Mönch Kukai (774–835, Gründer der buddhistischen Shingon-Schulrichtung) auf dem Berg Misai meditiert. Im Jahr 1587 ließ Toyotomi Hideyoshi, der Gründer eines sich über ganz Japan erstreckenden geeinten Reiches, unmittelbar neben dem Shinto-Schrein Itsukushima eine buddhistische Tempelhalle bauen, den wegen seiner Größe Senjokaku genannten Schrein (Halle der tausend Tatami-Matten [jeweils 1 x 2 m]). In dieser Halle sollten buddhistische Sutren in Erinnerung an die Krieger erklingen, die bei der Reichseinigung gefallen waren – wie häufig in Japan ist eine religiöse Stätte zugleich ein »Kriegerdenkmal« (vgl. den Meiji-Schrein in Tokio). Neben der Tempelhalle befindet sich die rote, fünfstöckige und ganz aus Holz erbaute Pagode im typisch japanischen Stil mit geschwungenen Dächern und tiefen Dachvorsprüngen.

Koyasan – Okunoin-Friedhof

Der Koyasan ist eine Bergregion südöstlich von Osaka und stellt eines der Zentren japanischer Religiosität und besonders des japanischen Buddhismus dar. Hunderte Tempel, Schreine, Pagoden und andere religiöse Stätten sind über die Berge verteilt und Ziel vieler japanischer Pilger, die in den Klosterherbergen übernachten und eine Zeit dort leben. Die religiöse Bedeutung dieser Region geht auf den Mönch Kukai zurück, der dort zu Beginn des 9. Jahrhunderts eine erste Mönchsgemeinde mit seinen Gedanken des Shingon-Shu vertraut machte. Kukai wird als Kobo Daishi verehrt, als Großmeister der Verbreitung der buddhistischen Lehre.

Der Shingon-Shu (»Schule des wahren Wortes«) ist ein esoterischer Buddhismus, der mit dem Tantrismus in Verbindung steht: Nur von einem Meister Eingeweihte gelangen durch Mantras (heilige Silben für die Meditation) und Mudras (Haltungen, besonders Handhaltungen) zum Ziel der Buddhawerdung. Dies bedeutet die Einheit mit dem Buddha Vairocana, der nicht nur als transzendenter Buddha verstanden wird, sondern zugleich als kosmischer Buddha, als Adi-Buddha, der alles in sich vereint und mit dem der Shingon Praktizierende zur Einheit gelangen soll.

Jizo und Grabstellen auf dem Okunoin-Friedhof, Koyasan

Innerhalb des Koyasan, der 2004 von der UNESCO zum Weltkulturerbe erklärt wurde, liegt eine eigenartige Stätte, der Waldfriedhof Okunoin, eher eine Gedenkstätte, wo Urnen mit der Asche der Toten, oft auch einige Knochenreste in einem Gebeinhaus aufbewahrt werden. Über 300 000 Gedenksteine, teilweise Jahrhunderte alt, teilweise von sehr moderner Gestalt finden sich unter uralten, mit Moos bewachsenen Bäumen. Viele bedeutende Personen der japanischen Geschichte sind hier bestattet.

Dabei gibt es eine grundlegende Ordnung des Geländes, die durch drei Brücken gekennzeichnet ist. Die erste Brücke führt in das Reich der Toten, wo die einzelnen Gedenksteine zu finden sind, eine zweite Brücke in das Reich der Reinigung, wo die Familienangehörigen und Pilger mit heiligem Wasser rituelle Handlungen für den Verstorbenen durchführen oder von Mönchen durchführen lassen. Die dritte Brücke führt zum Reich der Erleuchtung, zum Okunoin-Tempel, wo die Pilger Laternen aus Papier aufhängen, um damit ihren Glauben an das Licht der Erleuchtung auszudrücken.

Die Gräber selbst sind durch ihre mit Moos und Algen überwachsenen Steine von geradezu mystischer Gestalt. Hin und wieder findet man auf einzelnen Grabstellen auch Bronzestatuen von Buddhas und Bodhisattvas. Dazu kommen als leuchtende Farbflecken die mit Kinderkleidung geschmückten Jizos.

Jizo: Der Jizo, eine Bodhisattva-Gestalt, die im Sanskrit Kshitigarbha heißt, ist in Japan sehr populär. Der Jizo begleitet die Verstorbenen auf ihrem Weg in die Hölle, der schlechtesten der Wiedergeburten, und rettet sie zu einem neuen Leben. Dies hat nur wenig mit dem ursprünglichen Buddhismus zu tun, sondern gehört eher zu einem synkretistischen Denken im Zusammenhang mit dem Animismus des Shinto. Der Jizo, als Mönch oder auch als Kind dargestellt, ist zugleich der Schutzgott der Totgeburten, Fehlgeburten und abgetriebenen Föten, auch derer, die als kleines Kind sterben. Der Jizo soll ihnen im Jenseits der Unterwelt weiterhelfen. Damit der Jizo ihr Kind findet, hängen Eltern den Jizo-Statuen auf den Friedhöfen oft Babykleider um und setzen ihnen Mützen auf – so kann er sich am Geruch dieser Kleidung orientieren und das betreffende Kind finden.

Nara – Horyuji

Der Horyuji (Tempel der Lehre des Buddha) in der ersten Kaiserstadt Japans, Nara, führt zurück in die Anfänge des Buddhismus in Japan. Zugleich beherbergt er auch die wohl ältesten erhaltenen Holzbauten der Welt, seit 1993 ist er als UNESCO-Weltkulturerbe anerkannt. Neben den Tempelbauten und der Pagode sind vor allem die vielen hundert Kunstschätze aus dem 7. und 8. Jahrhundert zu erwähnen, die sich über die Hallen verteilen: bronzene Buddhas und Bodhisattvas, dazu Wächterfiguren aus der ersten Zeit des japanischen Buddhismus. Der Tempel wurde im Jahr 607 vom Kronprinzen des Kaiserhauses gegründet, der damit ein Gelübde seines früh verstorbenen Vaters erfüllen wollte. Eine Statue dieses Prinzen Shotoku wird in der Yumedono-Halle gezeigt.

Die weitläufige Tempelanlage ist weithin im chinesischen Stil der Wei-Dynastie gebaut, nur Ansätze einer eigenen japanischen Architektur lassen sich erkennen. Horyuji gliedert sich in zwei Bereiche: den westlichen Bezirk Sai-in und den östlichen Bezirk To-in. Hinzu kommt noch eine Galerie der Tempelschätze, die zwischen den beiden Teilen liegt. Wie üblich betritt man den Tempelbezirk durch ein besonders gestaltetes Tor, das Südtor (Nandaimon), danach folgt ein Weg zum Mittleren Tor, das den Zugang zum Haupthof des Tempels eröffnet.

Pagode und Haupttempel im Horyuji, Nara

Das größte Gebäude dieses Hofes ist die Goldene Halle (Kondo, im Foto rechts) aus dem 7. Jahrhundert. Die Halle wird geprägt von drei zentralen Statuen, denen rechts und links zwei weitere beigesellt sind. In der Mitte sitzt der Buddha Shakyamuni, der historische Buddha unserer Weltzeit, links von ihm befindet sich der Bodhisattva Monju Bosatsu (Manjushri, der Bodhisattva der Weisheit) und rechts von ihm Fugen Busatso (Samantabhadra, der Bodhisattva, der, auf einem Elefanten reitend, die buddhistische Lehre beschützt und eine Erscheinungsform des Buddha Vairocana, des Adi-Buddha im Japanischen, ist).

Zu dieser »Trinität« kommen links der Amida-Nyorai hinzu (der transzendente Amitabha-Buddha des Reinen Landes, der die seinen Namen anrufenden Gläubigen in sein Reich des Glücks Sukhavati führt) und rechts Yakushi Nyorai (der Medizinbuddha Bhaisajyaguru), der alle Krankheiten heilt, vor allem die der Unwissenheit. In diesen fünf zentralen Gestalten der Haupthalle des Horyuji ist gleichsam die gesamte buddhistische Lehre ausgedrückt.

Mönche im Horyuji, Nara

Neben dem Haupttempel steht die fünfstöckige 31,5 m hohe Pagode, die der von Miyajima ähnelt, aber älter ist und aus dem 7. Jahrhundert stammt. Sie ist die älteste noch erhaltene Pagode Japans. Diese beiden Gebäude werden von weiteren Hallen wie der Großen Vortragshalle (zum Rezitieren der Sutren durch die Mönche), dem Glockenhaus, einer achteckigen Halle mit einem Medizinbuddha, und Galerien umgeben.

Im östlichen Bezirks liegt hinter dem Großen Osttor (Todaimon) ein Bereich, der im 8. Jahrhundert entstanden ist. Sein Zentrum ist die 739 erbaute Yumedono, die Halle der Visionen oder Traumhalle, in der die vergoldete Statue des Prinzen Shotoku aufbewahrt wird. Dieser achteckige Bau erinnert an den Traum, den der Prinz hatte und der ihn zum Bau des Tempels bewegte. In der Halle wird eine Statue der Kannon (chinesisch Guanyin), des Bodhisattva der Barmherzigkeit, verehrt.

Auch diesen Zentralbau umgeben verschiedene Seitengebäude und Galerien. Die Halle der Buddhistischen Lehre (Denpodo) war ursprünglich eine Palasthalle, die aber in den Tempelbezirk verlegt wurde. Ein Glockenhaus und eine Reliquienhalle kommen hinzu.

Nara – Todaiji

Die Kaiserstadt Nara wird als Wiege Japans bezeichnet – zugleich ist die Stadt aber auch die »Wiege« des japanischen Buddhismus. Der Tenno, der japanische Kaiser, hatte im 7. Jahrhundert bereits an verschiedenen Orten im Bezirk von Nara residiert, im Jahr 710 wurde Nara zur ersten dauerhaften Kaiserstadt. Doch die Nara-Zeit währte nur bis zum Jahr 784, als das benachbarte Kyoto die neue Kaiserstadt wurde – dort blieb der Hof bis 1868, als er nach Edo (Tokio) verlegt wurde. In Nara sind die Einflüsse Chinas deutlich zu sehen, die Japan über die koreanische Halbinsel erreichten. Dies wird besonders an der Architektur der Tempel sichtbar, die die Bauweise der chinesischen Tang-Dynastie wiederholten und ausgestalteten. Auch Details des Tempelbaus wie Eingangstore, Wächtergottheiten im Eingangsbereich, Tempelrituale und selbst die Kleidung der Mönche sind aus dem chinesischen Vorbild entwickelt worden.

Der Todaiji (Großer Östlicher Tempel) ist mit einer Breite von 57 m, einer Tiefe von 50 m und einer Höhe von knapp 49 m das größte Holzgebäude der Welt, doch wirkt es durch seine Balkenstruktur und die überkragenden Dächer keineswegs so schwer wie man angesichts dieser Größe vermuten würde – der Bau ist von beeindruckender Harmonie.

Zugleich birgt der Todaiji die größte Bronzefigur eines Buddha: 15 m hoch (mit Sockel 18 m) und 452 Tonnen schwer. Die Darstellung zeigt den kosmischen Buddha Vairocana (japanisch Dainichi), der als Adi-Buddha (Ur-Buddha) das Absolute repräsentiert und alle Phänomene der Welt umfasst. Der »Erleuchtende«

Der Große Buddha im Todaiji, Nara

Todaiji (Östlicher Großer Tempel), Nara

war im Mahayana ursprünglich einer der fünf transzendenten Buddhas, der in der fünften Himmelsrichtung, der Mitte, angeordnet ist. Doch wurde er später mit der Vorstellung eines höchsten Buddha über allen anderen identifiziert (in der obersten Ebene der Trikaya, der Dreikörperlehre aus irdischer, geistiger und absoluter Ebene). Entsprechend ist die Verehrung dieses Buddha für Mahayana-Buddhisten von höchster Bedeutung.

Der Todaiji wurde im Jahr 745 errichtet, der Bronzebuddha im Jahr 751 gegossen, Tempel und Buddha sollen ursprünglich noch größer gewesen sein. Anlass des Tempelbaus war eine Pockenepidemie, der Kaiser Shomu einen großen Buddha als Schutz gegenüberstellen wollte. Der Todaiji war allerdings nur das »Herz« eines großen Netzes von Tempelanlagen, die über das ganze Reich verteilt waren. Die Geschichte des Tempels ist von verschiedenen Zerstörungen bestimmt, der heutige Holzbau stammt aus dem Jahr 1708.

Man betritt das Tempelgelände durch ein sehenswertes Südtor (Tempelrichtung wie in China von Süd nach Nord), das Nandaimon, das von zwei 8 m großen und Furcht einflößenden Wächterfiguren flankiert wird, die dämonische Kräfte abwehren sollten.

Kyoto – Ryoangji

Die vielen buddhistischen Schulrichtungen in Japan (jeweils mit einem Namen und der Endung »shu« benannt) können verwirren. Dabei lassen sich sehr grob gegliedert drei Hauptrichtungen ausmachen: zuerst die alten Schulen der Nara- und Heian-Zeit vom 6. bis zum 12. Jahrhundert, die eine breite Palette abdecken – von Theravada-Gedanken (z. B. Ris-shu) bis zum esoterischen Buddhismus (z. B. Shingon-shu). In der Kamakura-Zeit (1192–1333, vgl. Seite 158f.) werden zwei weitere Richtungen betont, die bis heute für das religiöse Leben in Japan von Bedeutung sind:

- der »Vertrauens-Buddhismus« oder Amida-Buddhismus, der die Rettung aus dem Kreislauf der Wiedergeburten allein durch die Hilfe des transzendenten Buddha Amida (Amitabha) erwartet;
- der »Meditations-Buddhismus« oder Zen-Buddhismus, der ohne Hilfsmittel oder Hilfe von außen durch Buddhas oder Bodhisattvas einen Weg zur Erleuchtung aus eigener Kraft beschreitet.

Zen geht geschichtlich zurück auf einen der wichtigsten Schüler des Buddha, auf Mahakashyapa, der zur Erleuchtung kam, als der Buddha ohne Worte eine Blüte hochhielt. Von Mahakashyapa aus geht eine Überlieferungslinie zu Bodhidharma (vgl. Seite 116f.) und von da

Steingarten im Ryoangji, Kyoto

aus über Korea (vgl. Seite 140f.) ab dem 12. Jahrhundert nach Japan. Der Zen will ohne äußere Hilfe, weithin auch ohne heilige Schriften, Menschen zur Buddhaschaft verhelfen, einen Weg aus dem Leidenskreislauf ermöglichen. Durch Sitz- (Za-Zen) oder auch Gehmeditation, durch Atemtechnik und durch Methoden, jegliche Regung des Geistes zur Ruhe zu bringen, werden alle Einflüsse von außen geblockt und die Möglichkeit gegeben, im Inneren zur Ruhe und zur Leere zu kommen. Dann erst kann der Übende zur mystischen Erfahrung einer plötzlichen Erleuchtung (Satori) kommen. Solches inneres Erwachen ist gleichbedeutend mit der Erkenntnis der eigenen Buddha-Natur und einem »Buddha-Werden«. Zen entzieht sich der Vernunft und rationalen Überlegungen – es braucht jahrelange Übungen, um im Zen voranzuschreiten. Dies kann nicht erzwungen werden, die Erleuchtung kommt unerwartet.

Buddha im Ryoangji, Kyoto

In Kyoto (Kaiserstadt von 784 bis 1868) liegt der Ryoangji (»Kloster des zur Ruhe gekommenen Drachens«). Dieses Zen-Kloster wurde 1450 gegründet und ist heute eines der bedeutendsten Klöster in Japan. Es gibt einen weitläufigen äußeren Park, in dem der meditierende Buddha auf dem Lotosthron zu finden ist (vgl. das Foto oben). Im ummauerten inneren Bereich findet sich ein 30 x 10 m großer Steingarten, dazu die Klosterhallen, wo Meditationsplätze der Mönche einen Blick auf den Steingarten erlauben, und dahinter eine Quelle – die Steingärten sollen auf dem Weg zur Leere helfen. Der Felsen in der Mitte symbolisiert Meru, den Weltenberg, die Kieswellen darum sind der Urozean. Die kleinen von einer Mauer umfriedeten Steingärten bilden also den gesamten Kosmos nach.

Kamakura – Der Große Buddha

Die Stadt Kamakura, 50 km südlich von Tokio, war vom 12.–14. Jahrhundert Regierungssitz der Militärregierung (der Kaiser blieb in Kyoto). Deshalb finden sich in der Stadt eine Reihe von Shinto-Heiligtümern wie auch eine herausragende buddhistische Stätte: Der Große Buddha (Daibutsu) von Kamakura – eine 13 m hohe Bronzefigur mit einem Gewicht von 121 Tonnen (die zweitgrößte Bronze-Buddhafigur Japans nach dem Großen Buddha im Todaiji [vgl. Seite 154f.]) – stellt den transzendenten Buddha Amitabha, den Buddha des Westens dar.

Die Figur ist von der Rückseite aus innen begehbar. Sie wurde 1252 gegossen und ist so ausgerichtet, dass man in ca. 5–7 m Entfernung unmittelbar vom Buddha angeschaut wird. Der Daibutsu ist das Ziel vieler Pilger. Ursprünglich wurde die Bronzefigur durch eine große Halle (ähnlich der des Todaiji) geschützt, doch seit ein Tsunami im Jahr 1495 diese Holzhalle wegriss, steht der Buddha ungeschützt da.

Der Amitabha-(Amida-)Buddhismus ist ein Vertrauensbuddhismus, in dem der Gläubige sein Vertrauen ganz auf den Buddha setzt und ihn mit Namen anruft. Weitere religiöse Übungen (etwa auch Meditation) sind nicht nötig, das Vertrauen allein genügt. So reicht

Vor dem Großen Buddha von Kamakura

es, das Mantra »Namu amida butsu« (»Verehrung dem Buddha Amida«) auszusprechen, um von diesem Buddha Heil zu erlangen. Die Anhänger dieser Richtung sprechen dieses Mantra Nembutsu oft vielfach am Tag aus. Diese Richtung wird in der »Schule des Reinen Landes« (Jodo-shu) weitergegeben, die ursprünglich aus China stammt, aber im 12. Jahrhundert durch den japanischen Mönch Honen verbreitet wurde. Aus dieser Schule ging hundert Jahre später die Jodo-Shinshu hervor, die »Wahre Schule des Reinen Landes«.

Der Buddha Amitabha ist insofern von Bedeutung, weil er Herr des westlichen Paradieses ist (des »Reinen Landes«). Wer in dieses Land der Glückseligkeit gelangt, den erwartet in der nächsten Wiedergeburt der Eintritt ins Nirvana und damit das Ende allen Leidens. Im Paradies des Westens also gelingt der entscheidende Schritt zur Erlösung – und dies durch den Buddha Amitabha/Amida.

Der Amitabha-Buddhismus Chinas und Japans stellt eine entscheidende Veränderung gegenüber dem ursprünglichen Buddhismus (Theravada), aber auch dem Chan/Zen-Buddhismus dar. Nicht mehr auf Erleuchtung aus eigener Kraft oder auf ethisch richtiges Verhalten kommt es an, um durch gutes Karma zu einer besseren Wiedergeburt zu kommen, sondern allein auf das Vertrauen zu Amitabha. Denn dieser Buddha Amida hat ein Gelübde abgelegt, dass er allen Wesen beistehen wird.

Der Große Buddha von Kamakura

Tokio – Asakusa: Kannon-Tempel

Tokio, das alte Edo und die heutige Hauptstadt Japans, hat geschichtlich nicht die Bedeutung wie Nara oder vor allem Kyoto. Zwar findet sich bereits im 12. Jahrhundert der Name Edo für ein Fürstentum in diesem Gebiet, doch die eigentliche Stadt wurde erst 1457 gegründet. 1603 wurde Edo zum Regierungssitz des Tokugawa-Shogunats, das ab dieser Zeit die eigentliche Macht in Japan ausübte, während der Kaiser nach wie vor in Kyoto residierte. Erst Kaiser Meiji verlegte 1868 die Hauptstadt nach Edo – das nun den neuen Namen Tokio (Östliche Hauptstadt) erhielt. Heute hat Tokio etwa 9 Millionen Einwohner, dic Region Tokio ca. 37 Millionen – das sind knapp ein Drittel der Einwohner Japans.

Älter als Edo ist allerdings ein Tempel, der Sensoji oder Asakusa-Kannon-Tempel genannt wird. Er liegt im traditionell geprägten Taito-Bezirk nordöstlich des heutigen Zentrums, früher ein Wohnort von Fischern und Kriegern. Dieser buddhistische Tempel ist der älteste im Gebiet der Region Tokio: Im Jahr 628 sollen Fischer eine goldene Statue des Bodhisattva Kannon (Avalokiteshvara, eine Erscheinungsform des Buddha Amitabha, chinesisch Guanyin) gefunden haben, 645 wurde ein erster Tempel an der heutigen Stelle errichtet, der später – wie bei japanischen Holzbauten üblich – immer wieder neu gebaut werden musste. Auch im Zweiten Weltkrieg brannte er aus, wurde aber 1958 wieder errichtet – mit Stahlbeton und Holzverkleidung.

Haupthalle des Sensoji (Asakusa-Kannon-Tempel), Tokio

Man erreicht den Haupttempel, nachdem man über eine Prozessionsstraße zwischen gigantischen Wächterstatuen hindurch das Kaminari-Mon (»Donnertor«) durchschritten hat. Vor dem Betreten des Tempels reinigt man sich mit Wasser und Weihrauch, dann steigt man über die Treppe zur Haupthalle hinauf. Darin findet sich die verehrte Statue der Kannon, des Bodhisattva der Barmherzigkeit, die um Hilfe angerufen wird.

Buddha
im Garten des
Sensoji
(Asakusa-Kannon-
Tempel),
Tokio

Neben dem Eingangstor und der Haupthalle befinden sich im Tempelbezirk eine fünfstöckige Pagode und ein kleinerer Tempel, die Sechseckhalle. Auch gibt es einen Asakusa-Schrein, der den beiden Fischern gewidmet und eher dem Shinto zuzurechnen ist. Buddhistisch geprägt ist dagegen der schön gestaltete Garten mit einer Reihe von Buddhastatuen.

Die Länder des Vajrayana

Eine dritte große buddhistischen Richtung neben Theravada (vgl. Seite 30f.) und Mahayana (vgl. Seite 96f) ist der *Vajrayana* (Diamantfahrzeug), auch Tantrayana genannt (Weg des Tantra, des geheimen Wissens), oder Tibetischer Buddhismus. Die letzte Bezeichnung verweist auf die zentrale Region, die von diesem Buddhismus geprägt ist: Tibet. Doch finden sich Vajrayana-Buddhisten auch in Ladakh und Zanskar (Nordwest-Indien), in Bhutan, teilweise in Nepal (etwa die Sherpas), zudem in der chinesischen Provinz Qinghai (»Klein-Tibet«), in der Mongolei und vereinzelt auch in anderen chinesischen Provinzen (etwa in Beijing der Lama-Tempel).

Aus ersten Anfängen in Indien entwickelte sich im Himalaya (vor allem Tibet, deshalb auch Tibetischer Buddhismus) eine buddhistische Richtung mit vielen Schulen, in der eine esoterische, nur dem vom Guru/Rinpoche/Lama Eingeweihten Erkenntnis zuteil wird (trotz der Bedeutung des Lamas ist die Bezeichnung »Lamaismus« jedoch falsch). Im Vajrayana spielen komplizierte äußere Handlungen als »Fahrzeug« zu innerer Erkenntnis eine Rolle: meditative Praktiken, Yoga, Mantras als Hilfen zur Verbindung des Einen mit dem Ganzen, Mandalas als Meditationsbilder, teilweise sexuelle Praktiken zur Umformung sexueller Energie in Erkenntnis (Tantra), auch Praktiken der vorbuddhistischen Bön-Religion ... Der Weg des Vajrayana ist kompliziert und langwierig.

In der Volksreligiosität Tibets und des Vajrayana stehen die Verehrung der Statuen von Buddhas, Bodhisattvas und auch anderen »Göttern« im Vordergrund: Pilgerfahrt, Kerzenopfer (Yakbutterlampen), Gebete, Verzierung der Landschaft mit Tschörten und Manimauern, buddhistischen Inschriften ... Gebetsfahnen und Gebetstrommeln finden sich in allen Ländern des Vajrayana und lassen durch Drehung per Hand oder durch Wind oder Wasserkraft vor allem das Mantra »OM mani padme HUM« erklingen (»OM Juwel in der Lotosblüte HUM« = Buddha oder buddhistische Lehre).

Neben Buddhas (dem historischen Siddhartha Gautama wie den transzendenten Buddhas) und Bodhisattvas (vor allem Avalokiteshvara und Manjushri, dazu als weibliche Bodhisattvas die Grüne und die Weiße Tara) werden eine Fülle von Schutzgottheiten verehrt.

Transzendenter Buddha,
Kloster Tikse, Ladakh, Indien

RATH

Tibet (China)

Der völkerrechtliche Status von Tibet ist umstritten. Heute gehört das »Autonome Tibetische Gebiet« unter dem Namen Xizang zu China, doch gab es bis in die Mitte des 20. Jahrhunderts hinein einen weithin autonomen Staat Tibet – eine tibetische Exilregierung befindet sich im indischen Himalaya-Ort Dharamsala; dort lebt auch der Dalai Lama, das geistliche Oberhaupt des Tibetischen Buddhismus (Vajrayana-Buddhismus). In diesem Band erhält Tibet einen eigenen Abschnitt, weil das Land auf der Nordseite des Himalaya – unabhängig von der völkerrechtlichen Situation – eine hohe Bedeutung für die dritte Richtung des Buddhismus, den Vajrayana, hat. Der tibetische Kulturraum innerhalb Chinas umfasst allerdings mehr als nur die heutige Autonome Region Tibet; auch die chinesischen Provinzen Qinghai (Klein-Tibet), Yunnan, Gansu und Sichuan sind stark von tibetischer Kultur und vom Vajrayana beeinflusst.

Lhasa – Jokhang und Parkhor-Pilgerweg

Inmitten der Altstadt von Lhasa (tibetisch »Ort der Götter« oder »Ort der Könige«), der tibetischen Hauptstadt in etwa 3700 m Höhe, liegt der Jokhang (auch Tsuglagkhang – Bedeutung: »Haus des Herrn«), der zentrale Tempel des Vajrayana. Pilger aus dem ganzen tibetischen und zentralasiatischen Raum kommen zu dieser heiligen Stätte, oft in monatelanger Wallfahrt. Dabei nähern sie sich dem Heiligtum in drei Ringen um den Tempel und tun dies durch unzähliges Niederwerfen, sodass sie die drei Strecken mit ihrer Körperlänge abmessen: Der äußere Ring wird Lingkhor genannt und folgt den Grenzen der alten Stadt, der mittlere Ring, Barkhor, umrundet den eigentlichen Tempelbezirk in der Altstadt, der innerste Ring, Nangkhor, ist ein Rundgang im Innenhof des Tempels rund um das innerste Heiligtum unmittelbar vor dem Betreten dieses heiligen Raumes.

Dieser innerste und älteste Teil des Tempels stammt aus dem 7. Jahrhundert. König Songtsen Gampo (Regierungszeit 617–649) darf als der eigentliche Gründer eines Gesamt-Tibet umfassenden

Eingang zum Jokhang, Lhasa

Reiches gelten. Unter ihm wurde ein erster Palast an der Stelle des heutigen Potala (vgl. Seite 166f.) gebaut. Songtsen Gompa hatte zwei Frauen: Vom chinesischen Tang-Herrscher Taizong erhielt er die Prinzessin Wen Cheng, aus Nepal wurde er mit Prinzessin Bhrikuti verheiratet – so war er durch dynastische Beziehungen mit den beiden mächtigen Nachbarmächten verbunden. Während der König sich noch am vorbuddhistischen schamanistischen Bön-Glauben festhielt, gehörten beide Prinzessinnen dem Mahayana-Buddhismus an und förderten diesen auch in ihrer neuen Heimat. So wurde auf Anregung von Bhrikuti der Jokhang-Tempel gebaut, nachdem durch die Magie von Wen Cheng ein dort zuvor befindlicher See trockengelegt worden war. Der erste Bau wurde 653 fertiggestellt, später, vor allem ab dem 13. Jahrhundert, wurde dieser innerste Kern durch weitere Bauten und den Rundweg um den Tempel ergänzt.

Wen Cheng brachte neben Mahayana-Mönchen und buddhistischen Schriften auch eine vergoldete Bronze-Statue des Buddha Shakyamuni mit. Sie ist heute das zentrale Heiligtum neben Statuen der Guanyin, des Königs Songtsen und Statuen von Fürsten aus der Sippe der Shakyamuni, aus der der Buddha stammt. Die Tempelhallen sind zudem reich mit Fresken ausgeschmückt.

Lhasa – Potala, Grabtempel der Dalai Lamas

Das Gesicht Lhasas wird vor allem durch den Potala (chinesisch Budala Gong) geprägt, der nordwestlich der Altstadt majestätisch auf dem Berg Marpori thront und die Stadt überblickt. Seine im Zentralbau rote, in den weiteren Bauten weiße Farbe wird gekrönt von den goldenen Dächern dieses bis zu 13-stöckigen »Hochhauses des Buddhismus«. Der eigentlich Palast ist über 110 m hoch, 360 m breit und 300 m tief; er besitzt angeblich 999 Räume und Hallen. Bereits der erste tibetische König Songtsen Gampo (vgl. Seite 164f.) soll im 7. Jahrhundert an dieser Stelle einen Palast gebaut haben, doch der heutige Bau stammt aus der Zeit des 5. Dalai Lama (1617–1682, Weißer Palast) und seinen Nachfolgern in der folgenden Zeit (Roter Palast).

Der Name Potala geht auf das mythische Reich, das »Reine Land Potala«, des Bodhisattva Avalokiteshvara zurück, des Bodhisattvas des Unendlichen Mitgefühls. Der Dalai Lama (»Ozeangleicher Lehrer«, ein Ehrentitel, der dem Oberhaupt des Tibetischen Buddhismus im 16. Jahrhundert von den Mongolen verliehen wurde) wird als Wiedergeburt und Manifestation des Bodhisattva Avalokiteshvara angesehen, deshalb ist auch der Palast des Dalai Lama die irdische Verkörperung des Reiches dieses wichtigsten Bodhisattva im tibetischen Raum.

Die Dächer des Potala, Lhasa

Der Potala wird meist als »Winterpalast« des Dalai Lama bezeichnet, doch führt der Ausdruck in die Irre, denn der Potala war viel mehr als nur ein Wohnort des jeweiligen Dalai Lama (bis zum heutigen 14. Dalai Lama Tendzin Gyatsho, der ab 1935 als religiöses Oberhaupt anerkannt ist). Zentral im Roten Palast sind – innenliegend und von außen nur durch die Goldenen Dächer zu erkennen – hohe tempelähnliche Räume, die vergoldete Pagoden (tibetisch Chörten) enthalten, die an die früheren Dalai Lamas erinnern – eine Art Mausoleum also.

Sommerpalast: Neben dem Potala, dem »Winterpalast« des Dalai Lama, gibt es 4 km außerhalb der Altstadt den Norbulingka, den Edelsteingarten, der den Sommerpalast des Dalai Lama darstellte. In einem großen Park befinden sich verschiedene Palastbauten und Pavillons. Hier lebte der Dalai Lama bis zu seiner Flucht nach Indien im Jahr 1959.

Besonders reich gestaltet sind die Chörten des 5. Dalai Lama, der den Potala in seiner heutigen Form gegründet hat, und des 13. Dalai Lama (1876–1933). Der Chörten des Letzteren ragt inmitten einer großen Halle 15 m hoch empor.

Zu diesen Grabmalen kommen Hallen für die Aufbewahrung der buddhistischen Schriften. Dies sind in Tibet vor allem der Kanjur mit 92 Bänden (entspricht in etwa dem Palikanon des Theravada mit Reden des Buddha und Ordensregeln) und der Tanjur mit 224 Bänden (Kommentar zum Kanjur), dazu weitere buddhistische Sutren des Mahayana. In der oberen östlichen Ecke des Roten Palastes liegt die Wohnung des Dalai Lama. Zum Funktionsbereich des Potala gehören zudem Verwaltungsräume für die (frühere) tibetische Regierung und eine Ausbildungsstätte für die Mönche.

Potala vom Eisenberg aus, Lhasa

Lhasa – Kloster Sera

Der Vajrayana-Buddhismus ist vorrangig Mönchsreligion. Die intensiv ausgebildeten Mönche (nur diese werden als Lama [tibetisch »Leiter, Führer«], ähnlich dem Sanskritwort Guru bezeichnet) prägen das Gesicht dieser buddhistischen Richtung. Dabei kennt der Tibetische Buddhismus eine komplizierte Gliederung in verschiedene Schulen, die teilweise ein gespanntes Verhältnis zueinander hatten, teilweise - auch heute - nebeneinander leben. Die älteste dieser Schulen, noch aus dem 7. Jahrhundert stammend, ist die Nyingma-Schule; später kamen die Schulen der Kagyü, Sakya und vor allem der Gelug hin. Dies ist heute die vorherrschende Schule, zu der auch der Dalai Lama gehört.

Die Gelugpa (»Schule der Tugendhaften«) wurde vom Reformator-Mönch Tsongkhapa (1357–1419) gegründet, der einen Stufenweg zur Erleuchtung propagierte und vor allem eine strenge Ordensdisziplin betonte. Auch tantrische Elemente wurden in diese Form des Buddhismus integriert. Im Jahr 1409 gründete Tsongkhapa sein Stammkloster Ganden, danach im Jahr 1416 das Kloster Drebung (vgl. Seite 170f.) und in seinem Todesjahr das Kloster Sera. Seine Schüler, die wegen ihrer Kopfbedeckung »Gelbmützen« genannt werden - im Gegensatz zu den »Rotmützen« der Nyingma, Kagyü und Sakya und den »Schwarzmützen« der Karma-Kagyü-Schule –, veranlassten die Gründung des Klosters Tashilhunpo in Shigatse (Xigaze) im Jahr 1447 (vgl. Seite 172f.) - Sitz des Panchen Lamas, der Emanation des Buddha Amitabha.

Pilger mit Butterlampe im Kloster Sera, Lhasa

Blick vom Kloster Sera zum Potala-Berg (Mitte), rechts vom Potala der spitze Eisenberg, links die Altstadt, Lhasa

Das Kloster Sera gehört mit Ganden und Drebung zu den »Drei Großen Klöstern« der Gelugpa und liegt 3 km nordwestlich von Lhasa, sein Name bedeutet »Wildrose, Hagebutte«. Die Gründungslegende erzählt, dass Tsongkhapa in der Nähe an einem Kommentarband zu einem Werk des indischen Philosophen Nagarjuna, der ersten historisch fassbaren Persönlichkeit des Mahayana, gearbeitet habe, als eines seiner Blätter vom Wind weggeweht wurde. Er fand das Blatt Papier auf einem Stein wieder, seine Buchstaben hatten sich aber gelöst und waren als Goldene Buchstaben auf dem Stein lesbar. Tsongkhapa erkannte, dass dieser Ort zu einer bedeutenden Stätte buddhistischer Lehre werden sollte und gründete an dieser Stelle das Kloster Sera.

Dementsprechend besteht das Kloster vor allem aus großen Hallen, die für die Ausbildung von Mönchen genutzt wurden. Die größte dieser Hallen ist die ca. 2000 m² umfassende Große Versammlungshalle aus dem Jahr 1710 mit vier Stockwerken. Darin wird eine kostbare Ausgabe des Kanjur aus dem 15. Jahrhundert aufbewahrt. Alle 33 Hallen in Drebung beherbergen Statuen von Buddhas und Bodhisattvas und sind mit Fresken in leuchtenden Farben geschmückt. Höfe und Nebengebäude kommen zu den Lehrhallen hinzu.

Lhasa – Kloster Drebung

Zusammen mit den Klöstern Ganden und Sera (vgl. Seite 168f.) gehört Drebung zu den »Drei Großen Klöstern« Tibets, den »Staatsklöstern«, die auf Tsongkhapa, den Ordensreformator und Gründer des Gelbmützenordens Gelugpa, zurückzuführen sind. Drebung liegt etwa 10 km nördlich des Zentrums von Lhasa am Hang eines Hügels. Weil die weißen Klosterbauten so über den Hang verstreut sind, als ob man einen Sack weißer Reiskörner verstreut hätte, ist der Name »Drebung« = »Reishaufen« entstanden. Während das weiter östlich gelegene und eigentlich wichtigere Kloster Ganden während der chinesischen Kulturrevolution (1966–1976) vollständig zerstört wurde, sind die Klöster Sera und Drebung weitgehend ohne Schäden davongekommen.

Während Sera vor allem als Ausbildungsstätte für die Mönche wichtig wurde, hat Drebung immer hohen Einfluss auf die Dalai La-

Mönch im Kloster Drebung mit in Tüchern eingewickelten Schriften, Lhasa

mas und damit auf die tibetische Politik gehabt. Vor ihrer Inthronisation lebten die Dalai Lamas eine Zeit in Drebung; die Äbte von Drebung gehörten zum engsten Beraterkreis des Dalai Lama. Dabei waren sie – anders als die Äbte von Ganden – eher chinafreundlich, dies dürfte der Grund dafür gewesen sein, dass Drebung die Wirren der Kulturrevolution überstanden hat.

Drebung war bis 1959 das größte Kloster Tibets mit riesigem Landbesitz und ca. 10 000 Mönchen. Heute leben in Drebung wieder einige Dutzend Mönche – das Kloster ist als Denkmal der Volksrepublik China geschützt, hat aber nur wenig von seiner früheren Bedeutung für Tibet bewahren können.

Ab dem 5. Dalai Lama (1617–1682) befinden sich die Grabstupas der Dalai Lamas im Potala (vgl. Seite 166f.). Die Grabstupas der 2.–4. Dalai Lamas sind dagegen in Drebung. Ansonsten gliedert sich das Kloster in die Große Versammlungshalle, die zugleich auch die Bibliothek des Klosters mit vielen wertvollen Handschriften ist, in weitere Lehrhallen und die üblichen Gebäude für die Mönche.

Kloster Drebung, Lhasa

Shigatse – Kloster Tashilhunpo

Etwa 350 km westlich von Lhasa liegt Tibets zweitgrößte Stadt Shigatse. Sie ist nicht nur als Verwaltungsstadt von politischer und als Handelsstadt von wirtschaftlicher Bedeutung, sondern findet aus buddhistischer Sicht deshalb Beachtung, weil das in ihr liegende große Kloster Tashilhunpo der Sitz des Panchen Lama ist. Die buddhistische Hierarchie in Tibet ist kompliziert: Der Dalai Lama wurde in früheren Zeiten nicht nur als politisches Oberhaupt Tibets angesehen, sondern auch als geistlicher Leiter des Tibetischen Buddhismus. Doch ist eigentlich der in Shigatse residierende Panchen Lama (auch Panchen Rinpoche) der geistlich Höhergestellte, denn er wird als Emanation des transzendenten Buddha des Westens, Amitabha (Buddha des Unermesslichen Lichtes und des Paradies des Westens Sukhavati), angesehen, während der Dalai Lama »nur« die Emanation des zu Amitabha gehörenden Bodhisattva Avalokiteshvara ist. Doch ist der im Jahr 1578 vom mongolischen Fürsten Altan Khan verliehene Titel Dalai Lama für seinen geistlichen Lehrer älter als der Titel des Panchen Lama. Dieser entstand erst im 17. Jahrhundert und bedeutet »Großer Gelehrter«.

Das Kloster Tashilhunpo (»Berg des Ewigen Segens«) geht auf das Jahr 1447 zurück und wurde von einem Schüler des Tsongkhapa gegründet. Es umfasst ein riesiges Gelände am Fuß eines Berges; zwei Gebäude ragen aus dem »Klosterdorf« heraus: im Westen (auf dem Foto links) die Haupthalle mit vergoldetem Dach und im Osten (auf dem Foto rechts) eine riesige Wand für die Kloster-Thangka.

Das Kloster Tashilhunpo mit Haupthalle (links hinten) und Thangka-Wand (rechts), Shigatse

In der erst 1930 fertiggestellten Haupthalle befindet sich eine 26 m große und voll vergoldete Bronze-Statue des Buddha der Zukunft, des Bodhisattvas Maitreya. Dies ist die größte Bodhisattva-Statue aus Bronze der Welt (der größte Buddha steht im Todaiji in Nara, Japan, vgl. Seite 154f.). In dieser Großen Versammlungshalle befindet sich der Thron des Panchen Lama. An der etwa 30 m hohen Thangka-Wand, die von innen begehbar ist, wurden während des jährlichen Klosterfestes riesige Thangkas herabgelassen, die den Hintergrund für die davor stattfindenden rituellen Tänze der Mönche bildeten.

Das Kloster zeichnet sich auch durch den Grabstupa des ersten Dalai Lama aus, hinzu kommen die Grabstupas der verschiedenen Panchen Lamas, die des 4. und des 10. sind besonders kostbar mit Gold und Edelsteinen geschmückt. In allen Klosterhallen finden sich alte Thangkas in verschiedenen Größen, die den Mönchen als Meditationshilfen dienten. Von Bedeutung ist in Tashilhunpo auch die Bibliothek mit den ältesten Ausgaben von Kanjur und Tanjur in tibetischer Sprache – des Kanons der Vajrayana-Schriften. Heute ist Tashilhunpo mit ca. 500 Mönchen das größte Kloster Tibets.

Der Goldene Stupa Kumbum, Gyantse

Kumbum-Chörten von Gyantse: Etwa 250 km westlich von Lhasa liegt in 4000 m Höhe die Handelsstadt Gyantse mit den Resten ihrer großen Festung. Mittelpunkt der Stadt ist das Kloster Palkhor Chöde mit dem größten Stupa (Chörten) Tibets. Er ist mit fünf Stockwerken ca. 32 m hoch und wird Kumbum (= 100 000 heilige Bilder [im Stupa]) genannt, weil in seinen 108 Kapellen (108 = heilige buddhistische Zahl) eine Fülle von Bildern enthalten sind. Dieser Stupa ist ein dreidimensionales Mandala des Kosmos mit dem Weltenberg Meru in der Mitte.

Mount Everest – Kloster Rongbuk

Der mit 8848 m höchste Berg der Erde wird von Europäern nach dem Briten George Everest (1790–1866) benannt, der diese höchste Region der Erde zuerst vermessen hat. Die Nepalesen nennen den Berg Sagarmatha (»Stirn des Himmels«), die Tibeter Chomolungma (»Mutter des Universums«). Sowohl für die Sherpas in Nepal wie für die Tibeter ist der *Mount Everest* ein heiliger Berg – dies geht auf die vorbuddhistische Zeit der Bön-Religion zurück, die nach wie vor auch im Vajrayana-Buddhismus Tibets eine Art »religiösen Untergrund« bildet. In dieser schamanisch-animistischen Religion gibt es besonders herausragende Naturstätten von spiritueller Kraft – der Sagarmatha/Chomolungma gehört dazu. Er wird sowohl auf tibetisch-chinesischer Seite wie auf nepalesischer Seite von den Bewohnern des Hochgebirges als heilig verehrt und mit Opferzeremonien vor einer Besteigung besänftigt. Überall finden sich im Everest-Gebiet auch religiöse Stätten – Manisteine mit eingemeißeltem »OM mani padme HUM«, Gebetsfahnen und anderes mehr.

Der Buddhismus als Hochreligion hat dabei – auf der Naturreligion des Bön aufbauend und diese zugleich übersteigend und überwindend – die alten Traditionen aufgegriffen. So gibt es eine Legende, nach der der buddhistische Heilige Padmasambhava (der »Lotosgeborene«, tibetisch Guru Rinpoche, der spirituelle Gründer des Buddhismus in Tibet und Bhutan) im 8. Jahrhundert einen Wettstreit mit einem Bön-Priester durchgeführt hat, wer von beiden als Erster den Gipfel des Chomolungma erreichen würde. Der Schamane ritt auf seiner Schamanentrommel, Padmasambhava aber auf einem Lichtstrahl und war so schneller: Der Buddhismus übertrifft an geistiger Kraft den Schamanismus der Bön.

Dies findet seinen Ausdruck auch im höchstgelegenen Kloster der Welt, im Rongbuk (Rongpu), das auf dem nördlichen, tibetischen Weg zum Everest etwa 25 km vor dem Gipfel in nahezu 5000 m Höhe liegt. Der Name stammt vom gleichlautenden Rongbuk-Gletscher an der Nordseite des Everest, der in den Rongbuk-Fluss und das Rongbuk-Tal ausläuft. Das Kloster liegt am Rand der Todeszone, die für Menschen nicht mehr dauerhaft bewohnbar ist (heute befindet sich in der Nähe auch das Basislager der Everest-Besteiger von tibetischer

Kloster Rongbuk (Rongpu) am Mount Everest

Seite aus). Doch gab es wohl früher noch einzelne Eremitagen von Einsiedlern, die abgelegener und etwas höher wohnten und von Rongbuk aus versorgt wurden.

Rongbuk ist gedacht als buddhistisches »Ausrufezeichen« unterhalb des Everest, des heiligen Berges, der nach Meinung der vorbuddhistischen Zeit von einer der fünf höchsten Gottheiten bewohnt wurde, von Jomo Miya Lang Sangma, die als freundliche und friedvolle Gottheit den Menschen Nahrung schenkt. Ihre vier Schwestern leben auf vier anderen Bergriesen im Himalaya. Das Kloster hat dabei keine lange Geschichte: Erst 1902 wurde es gegründet, in der Zeit der Kulturrevolution wurde es 1974 fast völlig zerstört, seine Schätze an Büchern und Ritualgegenständen gingen verloren. Erst in den letzten Jahren wurden Teile des Klosters wieder aufgebaut, mehrere Mönche wohnen im Klosterbereich.

Das Kloster zeigt einen markanten Stupa, dazu einige Klosterhallen. Vor der Zerstörung kamen viele Pilger an diesen Ort, auch Sherpas aus Nepal, die über einen weiter westlich gelegenen Pass nach Tibet gelangten. Ebenso wichtig war die Lehrtätigkeit des Klosters und seines Abtes, die sowohl zu tibetischen wie nepalesischen Klöstern ausstrahlte – Rongbuk war eine Brücke zwischen Tibet und Nepal.

Kailash – der Heilige Berg

Der Berg ist ein Symbol für Größe und Stärke. Er verbindet Himmel und Erde; in vielen Mythen steigen die Götter auf Berge hinab, um mit den Menschen zu reden, umgekehrt besteigen die Menschen Berge, um Gott näher zu kommen (etwa Mose auf dem Berg Sinai). In den Religionen gibt es heilige Berge; für die Bibel sind wichtig: der Berg Sinai, der Berg der Seligpreisungen, Jerusalem mit dem Zionsberg (für Juden) und mit Golgota (für Christen). Für den Islam ist der Berg Hira bei Mekka relevant, in dessen Höhle Mohammed die ersten Offenbarungen empfing. Für Hindus, Jains, Buddhisten und auch für die Anhänger der Bön-Religion des Himalaya Gebietes ist der heilige Berg der Kailash (6714 m, im Tibetischen Gang Rinpoche genannt) im westlichen Gebiet des Transhimalaya. Wegen seiner von allen örtlichen Religionen verehrten Heiligkeit ist der Berg bisher noch nicht bestiegen worden. Nur der tantrische Yogi und Dichter Milarepa (1040–1123), der Gründer der Kagyü-Schule des Tibetischen Buddhismus, soll auf dem Gipfel meditiert haben, nachdem er einen Bön-Priester spirituell besiegt hatte. Die Legende, die davon erzählt, gleicht der von Padmasambhava im Zusammenhang mit dem Chomolungma/Everest.

Der Kailash steht für den Weltenberg Meru der asiatischen mythologischen Kosmologie, die zentrale Achse zwischen Himmel und Erde. Im Hinduismus war er der Götterberg, auf dem Indra, der höchste Gott der alten vedischen und upanishadischen Zeit, seinen Götterthron hatte. Später residierte hier auf der Spitze des Berges der höchste Gott Shiva mit seiner Frau Parvati. Viele hinduistische und buddhistische Tempelbauwerke sind dem Kailash nachempfunden und symbolisieren den Weltenberg. Ein herausragendes Beispiel ist etwa der Bayon-Tempel im Zentrum der kambodschanischen Stadt Angkor Thom (vgl. Seite 98f.). Auch der Meditationsberg Borobudur auf der indonesischen Insel Java (vgl. Seite 100f.) hat eine Beziehung zum Kailash als Weltenberg. Die vielgeschossigen hohen Tempelbauten auf Bali werden ebenfalls Meru genannt und stellen die Sitze der verschiedenen Götter dar.

Der Kailash besitzt eine markante Pyramidenform (ähnlich dem Matterhorn), deren Spitze meist schneebedeckt ist. Buddhisten nen-

Der Berg Kailash vom Kloster Dirapuk aus

nen ihn deshalb auch »Großes Schneejuwel«. Er ist für Hindus und Buddhisten das Zentrum eines 53 km langen Pilgerweges rund um den Berg, der mehrere Tage dauert und bei dem ein Pass von über 5300 m Höhe überschritten werden muss. Im Gebiet des Kailash entspringen die wichtigsten Flüsse Südasiens: der Indus im Norden, der Satluj, ein Nebenfluss des Indus, im Westen, der Karnali, ein Nebenfluss des Ganges, im Süden und der Brahmaputra im Osten. Das lebenswichtige Wasser Südasiens kommt vom heiligen Berg Kailash.

China

China hat wesentlich zur Ausprägung der Mahayana-Richtung des Buddhismus beigetragen (vgl. ab Seite 110), die bereits in Indien entstanden war, aber heute in Ostasien vorherrscht. Doch in China gibt es auch außerhalb von Tibet (vgl. ab Seite 164) Orte, wo der Vajrayana-Buddhismus zu finden ist. Dies sind zum einen die Regionen, in denen Tibeter außerhalb der Autonomen Region Tibet wohnen – wie in den Provinzen Qinghai und Gansu, hierzu werden die beiden Klöster Kumbum und Labrang vorgestellt. Zum anderen sind dies in der Zeit der letzten Kaiserdynastie, der Qing (1644–1911), Vajrayana-Tempel in Beijing und in Chengde, die von Mitgliedern der Kaiserfamilie errichtet wurden, die dem Vajrayana zugeneigt waren. Wie alle religiösen Stätten in China sind solche Orte oft von einem Synkretismus durchzogen, der buddhistische, daoistische und andere animistische und magische Elemente mischt.

Xining – Kloster Kumbum

In der chinesischen Provinz Qinghai (»Grünes Meer« wegen der riesigen Weideflächen auf einem sich wellenförmig erstreckenden Bergland in einer Höhe von 2500 bis 3000 m) liegt 25 km südwestlich der Provinzhauptstadt Xining das bedeutende Vajrayana-Kloster Kumbum. Kumbum ist dabei eine Kurzform des richtigen Namens Kumbum Champa Ling und bedeutet »100 000 heilige Bilder« (vgl. zu Gyantse auf Seite 173). Das »Kloster der 100 000 Bilder des Buddha Maitreya« gehört zu den sechs wichtigsten und größten Klöstern des tibetischen Gelug-Ordens, dem auch der Dalai Lama angehört. Etwa 500 Mönche wohnen heute in dem Klosterbereich, vor der Verfolgungszeit durch die Kulturrevolution waren es über 4000.

Der Reformator-Mönch Tsongkhapa (1357–1419), der mit Ganden, Sera und Drebung die wichtigsten Klöster in Tibet gründete (vgl. Seite 168), wurde am Ort des heutigen Klosters geboren. An diesem Geburtsort sei dann ein Sandelholzbaum (*Santalum album* = heiliger Baum) gewachsen, der unzählige Bilder des Buddha und

tibetische Schriftzeichen trug (100 000 Bilder). Doch gibt es eine andere Gründungslegende, nach der Tsongkhapas Mutter am Ort der Geburt ihres Sohnes einen gewaltigen Stupa erbaut habe. Der chinesische Name des Klosters lautet deshalb Da'er Si (Kloster des Großen Stupa).

Gebetstrommeln im Kloster Kumbum, Xining

Der Bau des Klosters selbst wurde erst in der chinesischen Ming-Dynastie im Jahr 1560 begonnen; doch schon bald – auch durch Förderung des 3. Dalai Lama – entstand in Kumbum eine bedeutende Klosteruniversität des Vajrayana. Am Ort der Geburt des verehrten Tsongkhapa wurde der ursprüngliche Stupa von einem 11 m hohen silbernen Stupa überbaut, der im oberen Teil eine Statue des Tsongkhapa trägt. Um den Hof mit diesem Stupa ist die Große Golddachhalle gebaut, ein dreistöckiges Gebäude, das mit vergoldeten Bronzeziegeln bedeckt ist. Im Eingangsbereich des Klosters stehen acht identische Chörten nebeneinander, die von den Pilgern im Uhrzeigersinn umrundet werden, bevor sie in die Tempelhallen eintreten. Diese Chörten stehen für den achtfachen Weg, den der Buddha gelehrt hat. Zum Kloster gehören eine Reihe weiterer große Hallen, die Große Versammlungshalle der Mönche etwa, in der die buddhistischen Sutren rezitiert werden.

Xiahe – Kloster Labrang

Der Gansu-Korridor (auch Hexi-Korridor) liegt an einer entscheidenden Stelle der Seidenstraße, wo der Gelbe Fluss (Huang He) die Bergwelt der Provinz Gansu durchbricht. Der Korridor mit einer Länge von ca. 1000 Kilometern und einer Breite von teilweise weniger als 100 Kilometern war die einzige Möglichkeit der Seidenstraßen-Karawanen, von Xian aus nach Westen zu gelangen. Dementsprechend wurden an bedeutenden Orten religiöse Stätten gebaut, wie etwa beim Übergang über den Gelben Fluss in Bing Ling Si (vgl. Seite 114f.). Während dies ein alter Ort des Mahayana-Buddhismus ist, ist das nicht weit davon bei der kleinen Stadt Xiahe liegende Kloster Labrang vom Vajrayana geprägt. Doch dieses Kloster geht nicht auf die Zeit der Seidenstraße zurück, sondern wurde erst ab 1709 auf Veranlassung eines mongolischen Prinzen gebaut, der den Ort auf einer Pilgerfahrt nach Lhasa auswählte. Dies war die Zeit des großen Qing-Kaisers Kangxi (1654–1722); die Kaiser dieser Mandschu-Dynastie waren wie die Mongolen vom Vajrayana beeinflusst und förderten deshalb die Klöster der Vajrayana-Mönche (vgl. auch zu Chengde, Seite 184f.).

Kloster Labrang, Xiahe

Wie Kumbum gehört das auf 2800 m Höhe liegende Labrang zu den sechs wichtigsten und größten Klöstern des Vajrayana. Labrang ist

eine riesige Klosterstadt, die – wiederum ähnlich Kumbum – früher von mehreren tausend Mönchen bewohnt wurde; heute sind es wieder 1000 mit zunehmender Tendenz, dazu kommt eine große Zahl von Novizen. Auf einer Fläche von 650 000 m² drängen sich unterhalb eines Berghanges eine Vielzahl von Mönchswohnungen, Küchen, Versammlungshallen der einzelnen Studiendisziplinen und andere Einrichtungen – alles von einer das buddhistische Dorf umfassenden Mauer umgeben. Labrang ist das wichtigste buddhistische Lehrzentrum des Vajrayana in Nordwest-China

Mönch und Novize im Kloster Labrang, Xiahe

Aus diesen Gebäuden ragen die großen Tempelhallen mit ihren goldenen Dächern und die Stupas heraus, die teilweise ebenfalls vergoldet sind. Insgesamt 48 große Tempelhallen gibt es, dazu kommen eine Vielzahl von kleineren Tempeln, Chörten und Kapellen. Auch in Labrang gibt es als größte Halle eine Golddachhalle, die eine etwa 10 m große Statue eines Buddha Maitreya, des Buddha der Zukunft, beherbergt. Die weiteren Tempelhallen sind ebenso mit einer Vielzahl von Statuen, Thangkas und anderen kostbaren Ritualgegenständen ausgestattet – Labrang war wegen seiner Größe immer ein Ort, der von vielen Herrschern und auch reichen Kaufleuten gefördert wurde.

Dadurch wurden auch die großzügig angelegten Ausbildungsstätten der Mönche finanziert, die sich um die zentralen Hallen und den zentralen Stupa gruppieren. Sie sind nach den Fakultäten geordnet, in denen die Mönche die Fächer Buddhistische Lehre, Medizin, Mathematik und Astronomie, Malerei und Kalligrafie studierten und heute wieder studieren.

Beijing – Lama-Tempel

Selbst in Chinas Hauptstadt gibt es einen großen Vajrayana-Tempel: den Yonghe Gong, den sogenannten Lama-Tempel. Er hat eine eigenartige Geschichte: Der Prinz Yinzhen (Yongzhen), vierter Sohn des Qing-Kaisers Kangxi, hatte den weitläufigen Gebäudekomplex mit seinem vorliegenden Garten als Wohnpalast errichten lassen. Yinzhen regierte als Nachfolger Kangxis von 1722 bis 1735. Nach seinem Tod folgte sein Sohn Qianlong (Regierungszeit 1735–1796), neben Kangxi wohl der bedeutendste Herrscher der letzten Kaiserdynastie Chinas. Dieser entschied – einem alten chinesischen Brauch folgend –, dass der Wohnpalast eines Kaisers nach dessen Tod nicht mehr als Palastgebäude genutzt werden dürfe, sondern in einen Tempel umgewandelt werden müsse. Im Jahr 1744 berief Qianlong tibetische Mönche (Lamas) und gründete den Lama-Tempel. Der Name Yonghe bedeutet dabei Harmonie, Frieden, Ausgeglichenheit – der Palast des Friedens und der Harmonie, als Kaisertempel gedacht zur Förderung der kaiserlichen Herrschaft über das gewaltige Reich durch das Gebet und die Rituale der Lamas, der Vajrayana-Mönche. Diesem Ziel dienten die Mönche auch nach Ende der Kaiserzeit. Während der Kulturrevolution wurde der Tempel geschlossen, doch nach der Wende Anfang der 1990er Jahre wieder Mönchen übergeben und renoviert, sodass er heute als der wohl schönste Tempel des Tibetischen Buddhismus bezeichnet werden kann – und entsprechend auch Ziel vieler Touristen ist.

Im Lama-Tempel, Beijing

Der Tempel ist entsprechend chinesischen Architekturvorschriften streng in Süd-Nord-Richtung gebaut. Im Norden sind demnach Fengshui-Berge notwendig – die Nordberge Beijings; im Süden müsste Wasser sein, das gibt es allerdings an dieser Stelle Beijings nicht. Der Eingang ist geprägt von einem dreiflügeligen Tor, dem Südtor, das reich geschmückt und bunt bemalt ist.

Hinter dem Tor liegen fünf Höfe, die aufeinander folgend den Zugang zu den unterschiedlichen Hallen des Tempels ermöglichen. Dem ersten Tor folgt eine Gartenanlage, in der links der Trommelturm und rechts der Glockenturm stehen – ihre Signale gliederten den Alltag der Mönche. Ebenfalls gibt es in diesem Hof zwei Pavillons mit Stelen, die an Gründer und Stifter des Klosters erinnern.

Der Hof wird abgeschlossen durch die erste Halle, die Halle der vier Himmelskönige (sanskritisch »Devaraja«, chinesisch »Tianwang«). Diese vier Weltenhüter des Vajrayana-Buddhismus leben auf dem Berg Meru und beschützen die Welt jeweils in einer Himmelsrichtung vor dämonischen Mächten: Der grüne Vaishravana hält als Attribut eine Schriftrolle und steht für Norden; der weiße Dhrtarastra steht für den Osten und spielt eine Laute; der blaue Virudhaka im Süden zückt gegen alle Unwissenheit sein Schwert der Weisheit; der rote Virupaksha für den Westen hält meist in einer Hand eine Schlange, in der anderen einen Schatz. In der Mitte dieser ersten Halle befinden sich Statuen des Maitreya und des Weituo, des Schützers des Buddhismus.

Es folgen – jeweils durch Zwischenhöfe getrennt und reich mit Statuen und Wandmalereien ausgeschmückt – die Hallen der Ewigen Harmonie (Yonghe Dian) mit den Buddhas der drei Zeiten Vergangenheit, Gegenwart und Zukunft, die Halle des Ewigen Schutzes (Yongyou Dian, auch Medizinhalle) mit dem Medizinbuddha, die Halle des Rades der Lehre (Falun Dian) mit einer Statue des Tsonkhapa, des Gründers der tibetischen Gelugpa, zu dem auch der Lamatempel gehört. Den Höhepunkt und Abschluss der Hallen bildet die Halle des 10 000-fachen Glücks (Wanfu Ge) mit einer 18 m hohen Statue des Buddha Maitreya aus Sandelholz.

Lama-Tempel, Beijing

Chengde – Acht äußere Tempel

160 km nordöstlich von Beijing liegt die Stadt Chengde (»Tugend erben«, früher Jehol). Um der Sommerhitze in Beijing zu entfliehen, ließ der Qing-Kaiser Kangxi (Regierungszeit 1661–1722) in den Bergen von Chengde eine Sommerresidenz errichten, die vor allem von seinem Enkel Qianlong weiter ausgebaut wurde. Chengde wurde zum zweiten Regierungssitz der letzten chinesischen Kaiser neben Beijing, der nördlichen Hauptstadt. Der Sommerpalast des Kangxi und seiner Nachfolger gliedert sich in drei Teile, ein Palastgelände mit flachen, zwischen Bäumen gelegenen Pavillons, einen weitläufigen, etwa 5 km^2 umfassenden Park, der der kaiserlichen Jagd diente, und eine malerische Landschaft mit Seen, Gärten und Pavillons, die den Wasserdörfern im Süden Chinas (zwischen Suzhou und Hangzhou) nachgebildet ist – das ganze Reich sollte hier exemplarisch abgebildet werden. Deshalb auch ist die gesamte Anlage des Sommerpalastes von einer großen Mauer umgeben – eine Reminiszenz an die große Mauer im Norden Chinas, die es vor den Barbaren schützen sollte.

Gebetsfahnen mit Swastika (Sonnenrad als Glückssymbol), Kloster Puning, Chengde

Der Schutz des Kaisers und damit des ganzen Reiches der Han (Chinesen) wurde aber in Chengde vor allem durch die sogenannten Acht Äußeren Klöster gewährleistet, die den Bezirk des Sommerpalastes im Norden und Osten umgeben. Diese zum Teil sehr großen Tempelanlagen, die zum von Kangxi und Qianlong geförderten Vajrayana-Buddhismus gehören, wurden in der Zeit von 1713 und 1780 erbaut. Sie haben sehr unterschiedliche Gestalt und bilden verschiedene Tempelanlagen in ganz China nach. Die Tempel sind zusammen mit dem Sommerpalast Weltkulturerbe der UNESCO.

Herausragend unter diesen Tempeln ist der Putuo-Zongcheng-Tempel, der Tempel der Putuo-Lehre. Putuo ist eine Insel im Chinesischen Meer in der Nähe von Shanghai, die dem Bodhisattva

Guanyin geweiht ist. Doch der Name verweist ebenso auf den Berg Potala, auf dem in der tibetischen Stadt Lhasa der Potalapalast gebaut ist, der Winterpalast des Dalai Lama (vgl. Seite 166f.). Der Putuo-Zongcheng-Tempel ist von seiner Architektur her dem tibetischen Potala nachempfunden (vgl. auf dem Foto unten) – wie der Potala besteht er aus einem weißen und einem roten Palastteil. Qianlong ließ diesen Tempel im Jahr 1667 aus Anlass seines 60. Geburtstages bauen – zusammen mit seiner Mutter, die am gleichen Tag 80 Jahre alt wurde, und dem Hofstaat feierte er in diesem Gebäude.

Bereits früher, im Jahr 1755, hatte Qianlong den Puning-Tempel errichten lassen, den Tempel des Universalen Friedens. Dieser Tempel ist eine Kopie des tibetischen Samye-Tempels, des ältesten Klosters in Tibet. Seine Haupthalle beherbergt eine ca. 22 m hohe und 110 Tonnen schwere Guanyin-Figur mit 42 Händen, die jeweils unterschiedliche Musikinstrumente halten.

Die sechs weiteren Tempel in Chengde sind: der Tempel der Glückseligkeit und des langen Lebens des Sumeruberges (Xumifu-shou-Miao; Sumeru = Weltenberg Meru); der Tempel der Universalen Freude (Pule-Si); der Tempel der Universalen Menschenliebe (Puren-Si); der verfallene Tempel der Universalen Güte (Pushan-Si); der Tempel zur Befriedung der Fernen Gebiete (Anyuan-Miao) und der Tempel der Universalen Hilfe (Puyou-Si).

Kloster Putuo-Zongcheng, Chengde

Mongolei

Das spärlich besiedelte Land (4-mal so groß wie Deutschland, aber nur ca. 3 Millionen Einwohner) blickt auf eine lange Geschichte zurück. Im 13. Jahrhundert eroberten die Mongolen unter Temüdschin (mit dem Ehrentitel Dschingis Khan = »ungestümer Herrscher«, Großkhan = »Großfürst«) und seinen Söhnen und Enkeln ein Riesenreich bis nach Europa hin. Das heutige Land Mongolei ist nur ein kleiner Teil der alten Größe. Allerdings gibt es auch in China eine autonome Region der Mongolen – die Innere Mongolei. Religiös sind die Mongolen vom Schamanismus Nordost-Asiens beeinflusst, der in vielerlei Ritualen und Volksbräuchen eine Art Unterbau unter dem Vajrayana-Buddhismus darstellt, der seit dem 16. Jahrhundert die Religion der Mongolen ist. Heute – nach einer heftigen Verfolgungszeit besonders ab 1938 – bekennen sich ca. 50–80 % der Mongolen zum Buddhismus – eine offizielle Statistik gibt es nicht.

Karakorum – Kloster Erdene Dsuu

Bereits früh in der Zeit der Xiongnu, eines reiternomadischen Volkes, das in Europa oft mit den Hunnen gleichgesetzt wird, kam das zentralasiatische Gebiet von China aus mit dem Buddhismus in Kontakt. Dies geschah auch in der Folgezeit immer wieder – unter Dschingis Khan und seinen Nachfolgern war der Buddhismus präsent und musste sich in Lehrgesprächen gegen Daoismus, Konfuzianismus, Islam und nestorianisches Christentum behaupten.

Erst in der zweiten Hälfte des 16. Jahrhunderts gab es im Gebiet der heutigen Inneren Mongolei einen Fürsten, Altan Khan, der sich und sein Volk endgültig zum Buddhismus der tibetischen Richtung bekehrte, weil er dadurch Unterstützung für sein Bemühen erwartete, Großkhan aller Mongolen zu werden. Altan Khan verlieh deshalb dem Führer der tibetischen Gelukpa den Ehrentitel Dalai Lama: Diese Richtung wurde in der Folge zur wichtigsten Schule des Vajrayana. Nach Altan Khan verbreitete sich der Buddhismus im ganzen mongolischen Gebiet.

Goldener Stupa im Kloster Erdene Dsuu, Karakorum (Kharkhorin)

Im fruchtbaren Orkhontal, ca. 200 km westlich der heutigen Hauptstadt Ulan Bator, hatte bereits Dschingis Khan ein zentrales Heerlager errichten lassen; sein Sohn Ögedei baute dieses Lager zu einer Stadt mit steinernen Häusern statt Jurten aus: Karakorum (»Schwarze Berge«), deren Überreste heute bei dem kleinen Städtchen Kharkhorin liegen. Karakorum diente nur gut hundert Jahre als Hauptstadt, danach wurde sie von den Chinesen zerstört.

Aus den Relikten von Karakorum wurde 1586 das Kloster Erdene Dsuu (auch Erdene Zuu oder Erdene Joo = »Kostbarer Herr«) erbaut, das erste buddhistische Kloster in der Mongolei. Immer wieder folgten Zerstörungen (etwa durch die Mandschus), immer wieder wurde das Kloster renoviert und erweitert, sodass es schließlich innerhalb der großen Klostermauer ca. 60 Tempel umfasste. Die Anlage ist heute als Museum geöffnet; es gibt nur einen aktiven Tempel darin. Zentraler Ort von Erdene Dsuu ist der 1779 errichtete Goldene Stupa in der Mitte. Auf der Klostermauer stehen, diesen Stupa umrundend, weitere 108 kleinere Stupas – ein malerisches Bild in der Graslandschaft des Orkhontals. Die Tempelgebäude beherbergen Statuen des Buddha Shakyamuni, des Medizinbuddha, des Bodhisattva Avalokiteshvara und der Taras, seiner weiblichen Formen.

Bhutan
In Größe und Bergland ähnelt Bhutan der Schweiz, doch liegt es nicht an Handelswegen, sondern abgelegen im Osten des Himalaya. Druk Yul – das »Reich des Drachen« – bewahrt sich auch heute seine Abgeschlossenheit. Das Königreich mit nur ca. 1 Million Einwohner setzt sich aus unterschiedlichen Bevölkerungsgruppen zusammen: Die Mehrheit vor allem in den Bergen bilden tibetische Stämme, die vom Vajrayana bestimmt sind; in der Tiefebene leben Nepalesen und indische Immigranten, oft ohne bhutanesische Staatsangehörigkeit. Der Vajrayana ist Staatsreligion, allerdings nicht in der heute in Tibet vorherrschenden Richtung des Gelugpa mit dem Dalai Lama als Oberhaupt, sondern in den Schulrichtungen Drugpa-Kagyü und Nyingma (vgl. Seite 168). Etwa ein Viertel der Bevölkerung bekennt sich zum Hinduismus; Muslime und Christen sind nur in Minderheiten vertreten.

Paro – Dzong (Klosterburg)

Die Geschichte Bhutans ist in der Frühzeit nur durch Legenden erfasst und hängt eng mit der religiösen Entwicklung zusammen. Demnach hatte der indische buddhistische Philosoph und Mystiker Padmasambhava nicht nur großen Einfluss auf den Buddhismus in Tibet, sondern ist im 8. Jahrhundert auch nach Bhutan gekommen (vgl. Seite 190f.). Die verschiedenen tibetischen Schulrichtungen des Vajrayana haben in den folgenden Jahrhunderten in Bhutan Fuß gefasst, sich aber gegenseitig bekämpft. Das Ergebnis waren kleine Fürstentümer, meist in einem Tal an einem Fluss gelegen, die sich gegenüber anderen verteidigen mussten – dies führte zur Entstehung der Dzongs, der Klosterburgen. Als sich in Tibet die Richtung der Gelbmützen durchsetzte, musste zu Beginn des 17. Jahrhunderts ein Abt der Rotmützen (Drugpa-Kagyü) nach Bhutan fliehen. Dort gründete dieser Ngawang Namgyel im Jahr 1616 als Dharma Raja (»König der [buddhistischen] Lehre«) ein erstes Gesamtreich von Bhutan. Der Drache (Druk) ist das Symbol seines Reiches.

Im Westen Bhutans liegt das Parotal. Der Paro-Chu (Fluss) fließt von Norden aus der Hauptkette des Himalaya, in seinem südlichen Teil öffnet sich das fruchtbare Tal auf einer Höhe von ca. 2500 m. Der kleine, nur 15 000 Einwohner umfassende Ort wird beherrscht von der Klosterburg mit ihren beiden Bauten des eigentlichen Paro Dzongs und dem oberhalb auf einer Bergspitze wie ein runder Wachturm liegenden Da Dzong (heute Nationalmuseum von Bhutan). Dzongs sind in Bhutan, aber auch in Ladakh und Sikkim, Klosterburgen mit verschiedenen Funktionen (ähnlich auch der Potala in Lhasa, vgl. Seite 166f.): Sie sind zum einen Kloster und Ausbildungsstätte der Mönche, also eine Schule für die Novizen bereits ab frühem Alter und eine Hochschule für bereits ordinierte Mönche. Zugleich sind Dzongs Verwaltungsstätten des buddhistisch geprägten Landes. In früheren unruhigen Zeiten waren sie auch Schutzburgen, deshalb sind sie festungsähnlich gebaut.

Paro Dzong und (oben) Da Dzong, Paro

Der Paro Dzong stammt aus dem Jahr 1646 und wurde von Ngawang Namgyel in Auftrag gegeben. Während der Dzong nach außen hin festungsähnlich erscheint, ist der Innenhof von offenen Holzgalerien geprägt. In der Mitte des Hofes steht der Haupttempel – der ihn umgebende Hof ist auch Schauplatz der rituellen Tänze der Mönche.

Parotal – Taksang, Kloster Tigernest

Eine der malerischsten Klosteranlagen im gesamten asiatischen Bereich ist das Kloster Taksang, das Kloster Tigernest. Ähnlich dem »Hängenden Kloster« am chinesischen Hengshan (vgl. Seite 124f.) klebt dieses Kloster in ca. 3100 m Höhe an einer Felswand – aber anders als das chinesische Kloster rund 700 m über dem Talboden. Taksang (auch Taktshang) liegt von Paro aus den Parofluss ca. 30 km aufwärts; in der Felswand sind die Gebäude des Klosters auf einer kleinen Felsnase angeordnet, doch wichtigster Tempelbereich ist eine Höhle hinter dem Haupttempel. Das Tigernest-Kloster kann vom Talgrund aus im ersten Teil der Strecke mit Mauleseln, im zweiten, steileren Teil nur durch eine einstündige anstrengende Fußwanderung erreicht werden.

Der Name des Klosters geht auf seine Gründungslegende zurück: Demnach soll der indische Mystiker Padmasambhava (vgl. Seite 188) im 8. Jahrhundert nach Bhutan gekommen sein, um die Lehre des Buddha zu verkünden. Wegen der dämonischen Kräfte, die sich ihm entgegenstellten, war dies nicht in der Weise möglich, in der er in Tibet gelehrt hatte. Deshalb verwandelte sich der Guru Rinpoche (»der kostbare Lehrer«) in seine zornvolle Emanation Dorji Drölö, in der er die Macht hatte, Geister zu binden und in Schutzgottheiten des Buddhismus umzuwandeln. Auf einer mächtigen Tigerin ritt Padmasambhava als Dorji Drölö durch die Lüfte, um in der kleinen, mitten in einer Felswand des Parotals gelegenen Höhle zu meditieren und durch seine Meditation dem Buddhismus einen Weg nach Bhutan zu eröffnen. Diese Höhle war das »Nest« der fliegenden Tigerin – deshalb der Name Tigernest für das Kloster, das nach Padmasambhava hier entstand. Auch ein zweiter großer tibetischer Heiliger, der Mystiker Milarepa (1040–1123), der als der bedeutendste Dichter Tibets

Taksang, Haupttempel, Mönche mit Posaunen, Parotal

verehrt wird, soll in dieser Höhle zwischen Himmel und Erde meditiert haben. Der tantrische Yogi Milarepa gilt als Gründer der tibetischen Kagyü-Schulrichtung, die in Bhutan vorherrschend ist. Das Kloster Taksang kann deshalb als das Gründungskloster des Buddhismus in Bhutan angesehen werden, folgt man diesen Gründungslegenden.

Taksang (Kloster Tigernest), Parotal

Die Klostergebäude, die sich heute eng an den Felsen geschmiegt zeigen, stammen allerdings aus dem Jahr 1692, als der Paro Dzong weiter flussabwärts schon fast 50 Jahre bestand. 1646 hatte allerdings Ngawang Namgyel (vgl. Seite 188) anlässlich des Baus des Paro Dzongs bereits das Tigernest besucht. Unmittelbar neben dem Kloster gibt es einen Wasserfall, der für die Versorgung des Klosters wichtig ist. Aber die Pilger, die nach Taksang kommen, füllen hier auch Kannen mit heiligem Wasser, das sie nach Hause mitnehmen und das apotropäische Wirkung haben soll – Unheil abwehrend und Schutz gewährend.

Im Kloster selber leben einige wenige Mönche, die zum Schutz des Buddhismus Rituale abhalten. Vor der Höhle des Padmasambhava steht ein Tempel, der sowohl in einer Statue wie in einem Fresko den Heiligen als Dorji Drölö zeigt, einen Phurbu, einen Ritualdolch in der Hand, um die dämonischen Kräfte zu bannen. In der eigentlichen Meditationsgrotte sind in Fresken alle acht Emanationen des Padmasambhava dargestellt, nicht allein die zornvollen und Böses abwehrenden, sondern auch die friedvollen und Schutz gewährenden. Ein kleiner Stupa in der Mitte der Höhle erinnert ebenfalls an den Heiligen. Auf den Bergspitzen um Taksang liegen kleine Eremitenklausen, in die sich meditierende Mönche zurückziehen.

Punakha – Dzong

Etwa 70 km östlich der bhutanesischen Hauptstadt Thimphu liegt in ca. 1200 m Höhe die Klosterburg Punakha. Dieser Dzong liegt in der Ebene im Dreieck des Zusammenflusses von Mo-Chu und Po-Chu (Mutter- und Vaterfluss), die aus dem Norden (von Laya, vgl. Seite 196f.) nach Süden in Richtung des indischen Teils des Brahmaputra fließen. Die Klosterburg liegt malerisch zwischen Flüssen und den weiten terrassierten Feldern des in dieser Höhe möglichen Nassreisanbaus, auch Gemüse wächst hier. Um den Dzong erstreckt sich eine Kleinstadt mit ca. 10 000 Einwohnern.

Punakha Dzong hängt eng mit dem Gründer des Königreiches Bhutan, dem Dharma Raja Ngawang Namgyel (vgl. Seite 188), zusammen. Dieser hatte, über ganz Bhutan verstreut, Dzongs gebaut – als buddhistische Klöster und zugleich als Festungen, die seine Herrschaft im Land sichern sollten. Auch Punakha wurde an einer strategisch wichtigen Stelle von ihm gegründet – an der bedeutendsten Ost-West-Verbindung innerhalb des Landes und zugleich an einer Zugangsmöglichkeit in den Norden. In den Jahren 1636 und 1637 wurde der Bau errichtet – das Kloster bildete fortan die Heimat des ersten Königs, der auch den Regierungssitz hierhin verlegte (Thimphu wurde erst 1952 Sitz des Königs und zugleich des religi-

Punakha Dzong am Mo-Chu

ösen Oberhaupts von Bhutan, des Je Khenpo, geistlicher Leiter der bhutanesischen Drugpa-Kagyü-Schulrichtung).

Ngawang Namgyel verstarb auch in Punakha – sein nicht kremierter, sondern einbalsamierter Leichnam wird im Punakha Dzong aufbewahrt. Dort befindet sich auch die Asche der früheren Je Khenpos. Somit stellt Punakha das geistliche Zentrum des Königreiches Bhutan dar. Es verwundert deshalb nicht, dass auch der erste König der bis heute herrschenden Dynastie der Wangchuks im Jahr 1907 in Punakha zum König gekrönt wurde. Der Je Khenpo residiert in den Sommermonaten in Thimphu, im Winter dagegen nach wie vor im Punakha Dzong.

Novizen im Punakha Dzong

Das heutige Kloster gibt nicht mehr genau den Bauzustand zur Zeit seiner Gründung im 17. Jahrhundert wieder. In den Jahrhunderten danach wurde der Dzong weiter ausgebaut und geschmückt, aber durch Naturkatastrophen auch immer wieder zum Teil zerstört, etwa durch einen Brand im Jahr 1987 oder durch ein Hochwasser des Mo-Chu im Jahr 1994. Doch wurde die weiträumige Klosteranlage vollständig und liebevoll restauriert.

In der Mitte des Klosterhofs ragt der siebenstöckige Klosterturm empor. Er symbolisiert den Weltenberg Meru (vgl. Seite 176), die Achse des Kosmos, und ist umgeben von den Kontinenten (den Klostergebäuden) und dem Weltenmeer (Mo-Chu und Po-Chu). Der heiligste Tempel im Punakha Dzong ist der Machin-Lhakhang, der nur vom König selbst, vom geistlichen Oberhaupt Je Khenpo und von zwei diensttuenden Lamas betreten werden darf – hier wird der Leichnam von Ngawang Namgyel aufbewahrt. Weitere Tempelhallen und die Klosterschulen umgeben diesen innersten Bereich.

Wangdiphodrang – Dzong

Etwa 20 km südlich des bedeutenderen Punakha Dzongs liegt im Dreieck des Zusammenflusses von Mo-Chu und Tang-Chu (der dann weiter flussabwärts Sankosh-Chu heißt) der auf einem Hügel über dem Fluss langgezogene Wangdiphodrang Dzong – ebenfalls an einer strategisch wichtigen Stätte. Wangdiphodrang ist die kleine Hauptstadt des gleichnamigen Distriktes, zugleich Marktstadt. Der Dzong beherrscht den Zugang zum Süden Bhutans. Zusammen mit Punakha bildeten die beiden Klosterburgen gleichsam das mächtige »Rückgrat« des bhutanesischen Reiches.

Auch Wangdiphodrang wurde 1638 von Ngawang Namgyel gegründet, nachdem er dort ein magisches Zeichen gesehen hatte. Vier Raben flogen von diesem Hügel aus in die vier Himmelsrichtungen – Symbol für die Verbreitung des Buddhismus über ganz Bhutan. Der Name greift dies auf: Phodrang weist auf einen Palast im Dzongkha hin, dem Land der Dzongs. Wangdi bedeutet die Einigung des Landes. Von Wangdiphodrang und Punakha aus einte Ngawang Namgyel das Land südlich des Himalaya.

Über eine Holzbrücke gelangt man in den Klosterbereich, steinerne Öfen begleiten den Weg. In ihnen werden von den in die Klosterburg aufsteigenden Pilgern Rauchopfer dargebracht, um böse Kräfte zu bannen und die Schutzgottheiten wohlwollend zu stimmen. Wangdiphodrang ist bekannt für seine religiösen Tänze, die im ersten Klosterhof aufgeführt werden. Während dieser mehrtägigen Feste im klimatisch günstigen Oktober verkleiden sich Mönche mit bunten Gewändern und Masken von Tieren und Dämonen. Solche Tänze erzählen von den dämonischen Mächten, die durch den Buddhismus überwunden werden mussten. Beim Hirschtanz (Sha-Zam) etwa wird Padmasambhava dargestellt, wie er, auf einem Hirsch reitend, den Geist des Sturmes besiegt und so die Menschen rettet. Beim Tanz der Schwarzhüte (Shanag) wird dem bösen König Langdarma und seinen Bön-Priestern der Mönch Paldorji gegenübergestellt, der von Padmasambhava zum Retter des Buddhismus bestellt wurde.

Die verschiedenen Hallen des Klosters (Dukhang, Lhakhang) sind voller Statuen und Wandbilder. Diese aber sind ebenso wie die kunstvoll geschnitzten Masken der Tänze meistens verhängt. Nach einem verheerenden Brand im Jahr 2012 sind die Klostergebäude inzwischen wieder vollständig restauriert worden.

Wangdiphodrang Dzong

Laya und Lunana – Buddhismus in den Dörfern

Touristen, die nach Bhutan kommen, besuchen vor allem die großen Dzongs in der Mitte des Landes – ausgehend von Paro Dzong fahren sie über Thimphu nach Punakha und Wangdiphodrang, eventuell dann auch weiter nach Osten zum Tongsa Dzong, Byakar Dzong und zu dem vergleichsweise neuen Mongar Dzong. Die südlichen Teile des Landes sind für den Buddhismus von geringerer Bedeutung, weil hier hauptsächlich nepalesische und indische Hindus wohnen. Aber weiter im Norden und näher an der Hauptkette des Himalaya gibt es weite Gebiete, die wegen der großen Höhe und der schwierigen Ernährungsbedingungen nur sehr spärlich besiedelt sind, aber dennoch eine Reihe von interessanten Klosterbauten besitzen.

Dies gilt vor allem für die Orte im Nordwesten von Bhutan, die bislang nur auf langen mehrwöchigen Fußmärschen (auf dem legendären Snowman-Treck) erreicht werden können und bis zum nördlichsten Ort Bhutans, Laya, führen. Von dort kann man nach Osten in die ca. 4000 – 4500 m hoch gelegene Schüssel des Lunana wandern, in ein Gebiet, das nur über zwei Pässe von über 5100 m Höhe erreicht werden kann – wegen der Schneeverhältnisse am Südabfall des Himalaya und wegen der durch Schmelzwasser hoch ansteigenden Flüsse nur im September und Oktober.

Mönche bei der Einweihung einer Gompa (Tempel), Lhedi, Lunana

Folgt man von Paro und dem Tigernest-Kloster aus dem Do-Chu weiter nach Norden, so gelangt man in das Gebiet des 7314 m hohen Chomolhari (= »Berg der Göttin«), einem der heiligen Berge des Tibetischen Buddhismus. Nach einem weiteren Pass von 4720 m Höhe gelangt man zum Lingshi Dzong, einem kleinen Kloster, das auf einem Berg liegt und neben einer Versammlungshalle einen Raum für die Aufbewahrung der alten Tanzmasken besitzt. Hier, auf dem Weg nach Tibet, soll Ngawang Namgyel in einer kleinen Höhle meditiert haben.

Eremit
in Laya

In der kleinen Ortschaft Laya lebt der tibetische Volksstamm der Laya, der kulturell und sprachlich eigenständig ist und von Yakzucht und Gersteanbau lebt. Auch hier wie in allen Ortschaften gibt es eine kleine Gompa (Tempel), dazu Eremitenklausen in der Abgeschiedenheit der riesigen Himalaya-Berge. In der östlicher gelegenen Lunana-Schüssel sind nach den Orten Tarina und Wochey besonders die Gompas in den Orten Lhedi und Chozo Dzong von Bedeutung. Dies sind kleine Klöster mit einem oder zwei Mönchen und einer kleinen Tempelhalle – diese allerdings mit alten Statuen ausgestattet.

Nepal

Das zwischen Nordindien und dem Hauptkamm der Himalaya-Kette liegende Nepal hat ca. 28 Millionen Einwohner und ist etwa halb so groß wie Deutschland. Sein Gebiet umfasst alle Vegetationszonen von der Tiefebene mit 70 m Höhe (Terai als Teil der Ganges-Tiefebene) bis zu den höchsten Gipfeln des Himalaya (Mount Everest 8848 m). Die Bevölkerung besteht zum einen aus indoarischen Gruppen, die aus Indien eingewandert sind und die Mehrheitsbevölkerung stellen – sie sind Hindus. Kleinere Gruppen (etwa die Sherpas) gehören zu den tibetobirmanischen Völkern. Sie sind nach Tibet hin orientiert und haben als Religion den Vajrayana, den Tibetischen Buddhismus – diesen allerdings in einer abgewandelten Form. Etwa 10 % der Gesamtbevölkerung bekennen sich zum Buddhismus, dies sind meist die Einwohner in den nördlichen Bergdörfern. Der Geburtsort des Buddha (Lumbini, vgl. Seite 16f.) liegt in Nepal.

Kathmandu – Bodhnath und Svayambhunath

Vor allem in den nördlichen Gebieten des Landes, aber auch in den drei ehemaligen Königsstädten Kathmandu, Patan und Bhaktapur gibt es nicht nur eine große Zahl von hinduistischen Tempeln. Auch bedeutende buddhistische Bauwerke sind dort zu finden. Als zwei Beispiele werden hier Bodhnath (auch Bodnath, Bauddhanath) und Svayambhunath genannt. Beide sind vor allem durch ihre großen und überaus schönen Stupas bekannt – allerdings wurden diese durch das Erdbeben 2015 stark beschädigt.

Bodhnath liegt wenige Kilometer nordöstlich der heutigen Hauptstadt Nepals, Kathmandu, an einer alten Handelsstraße zwischen Indien und Tibet. Buddhistische Pilger und Händler aus Indien bauten hier – vor der gefährlichen Überquerung der Himalaya-Hauptkette – wahrscheinlich im 6. Jahrhundert einen ersten noch kleinen Stupa, der – wie üblich in Asien – von späteren Generationen immer wieder ausgebaut und vergrößert wurde. Heute ist der zentrale Stupa von Bodhnath ca. 36 m hoch. Über einer quadratischen Terrasse erhebt

Der Große Stupa in Bodhnath

sich die Halbkugel des Stupa, der von dem quadratischen Aufbau (Harmika) mit Augen in die vier Himmelrichtungen, einer 13-stufigen vergoldeten Pyramide (13 Stufen eines Meditationsweges zur Erleuchtung symbolisierend) und einem Ehrenschirm mit hoch aufragender Spitze bekrönt wird. Durch die »Augen«, die im Tibetischen Buddhismus häufiger vorkommen, gleicht der Stupa einem sitzenden, meditierenden Buddha, dessen Botschaft in alle Himmelsrichtungen ausstrahlt.

Bedeutender als der Bodhnath-Stupa ist der von Svayambhunath, am westlichen Stadtrand von Kathmandu gelegen. Die Legende erzählt, dass das Kathmandu-Tal ursprünglich ein heiliger See war, auf dessen Oberfläche eine Lotosblüte aufragte. Der Bodhisattva der Weisheit, Manjushri, habe dann mit seinem Schwert eine Kerbe in die Vorberge geschlagen, sodass das Wasser nach Süden abfließen konnte und am Ort der Lotosblüte Raum frei wurde für einen Tempel (und die spätere Stadt Kathmandu). Der Bodhnath Tempel dürfte ebenfalls aus sehr früher Zeit stammen, inschriftlich ist er aber erst im 12. Jahrhundert erwähnt. Der Stupa ist über eine Treppe mit 365 Stufen erreichbar, zahlreiche kleine Votivstupas, Klostergebäude und Schreine im nordindischen Stil säumen den Weg.

Ladakh (Indien)

Der Buddhismus ist im Bereich des heutigen Indien entstanden und hatte unter den Maurya-Kaisern großen Einfluss gewonnen, ging aber dort sowohl durch eine Renaissance des Hinduismus ab dem 7. Jahrhundert als auch durch den Ansturm des Islam ab dem 11. Jahrhundert weithin unter. Nur in einem nordwestlichen Gebiet zwischen den Bergketten des Himalaya und des Karakorum konnte ab dem 9. Jahrhundert der aus Tibet kommende Vajrayana-Buddhismus Fuß fassen. Im nördlichen Teil des indischen Bundesstaates Jammu und Kaschmir liegen die Bezirke Ladakh und Zanskar, nach Süden durch hohe Pässe abgeschlossen, vom Indus und vom Zanskar-Fluss durchzogen. Die äußerst trockenen Gebiete sind etwa so groß wie Bayern bei einer Einwohnerzahl von nur ca. 300 000 Personen; die zentrale Stadt ist Leh. Alle Ortschaften haben buddhistische Klöster – wie in Tibet genießen die Mönche (Lamas) ein hohes Ansehen.

Lamayuru – Kloster am Steinernen Meer

Fährt man von Srinagar, der streng islamisch geprägten Hauptstadt des Bundesstaates Kaschmir, nach Osten über den 3529 m hohen Pass Zoji-La, so gelangt man hinter der Stadt Kargil zu einer Scheide zwischen den Religionen. War bisher der Islam vorherrschend, durchsetzt mit hinduistischen Einsprengseln, so kommt man nun in buddhistisches Land. Der Auftakt dazu ist in der Ortschaft Mulbekh eine ca. 7 m hohe halbplastische Felsskulptur des Maitreya, des Buddha der Zukunft. Sie soll bereits aus der frühen Kuschan-Zeit des 2. Jahrhunderts stammen, aber wahrscheinlicher ist, dass sie im Zusammenhang mit dem Eindringen des Vajrayana von Tibet aus erst im 8. Jahrhundert entstanden ist. Die Figur an der Straße zum ladakhischen Leh ist gleichsam ein Zeichen, dass man sich nun in einer anderen, in der buddhistischen Welt befindet.

Nachdem man auf der Straße Srinagar–Leh zwei weitere Pässe, darunter einen von 4100 m Höhe, überwunden hat, gelangt man zur Ortschaft Lamayuru, die zwischen kargen Bergen (»Steinernes

Meer«) eingebettet ist. Die Gebäude der wenigen Bauern und Hirten sind eng gedrängt, aber auf einem Felssporn oberhalb des Ortes erhebt sich wie eine trutzige Wehrburg das Kloster, nach dem der Ort benannt ist. Die Entstehung des Klosters wird auf zwei Mahayana-Heilige des 11. Jahrhunderts zurückgeführt – Mahasiddha und Naropa, die von der Klostcruniversität Nalanda (vgl. Seite 34f.) in dieses Gebiet gelangten und dort in einer Höhle meditierten.

Kloster Lamayaru

Das Kloster gliedert sich in das Hauptgebäude mit verschiedenen Tempelhallen und einem Innenhof sowie einen Bereich mit unterschiedlich hohen Stupas und Stupikas. Diese Stupas enthalten die Reliquien von Äbten und wichtigen Mönchen, aber auch die heiligen Schriften des Kanjur und Tanjur (vgl. Seite 167).

Der Innenhof des Hauptgebäudes dient wie in allen ladakhischen und bhutanesischen Tempeln als Ort der rituellen Maskentänze anlässlich der Klosterfeste. Der zentrale Tempelraum, Jokhang, ist vor der kleinen Höhle gebaut, die als Meditationsort des Naropa verehrt wird. Die über hundert Mönche von Lamayuru gehören der Rotmützen-Schulrichtung des Kadampa an. Sie können deshalb auch verheiratet sein – verheiratete Mönche wohnen im Dorf, die zölibatär lebenden im Kloster.

Alchi – Perle buddhistischer Kunst

Fährt man von Lamayuru aus ca. 50 Kilometer weiter nach Osten ins Industal hinab, gelangt man zum etwas versteckt liegenden Kloster Alchi – der Perle unter den Klöstern in Ladakh wegen seiner Bildnisse, in denen der gesamte buddhistische Kosmos dargestellt wird. Das von nur wenigen Mönchen bewohnte kleine Kloster bietet architektonisch außer einigen schönen Holzschnitzereien am Dachgebälk wenig Interessantes. Umso bedeutsamer sind allerdings die Bilder im Inneren des Tempels, dessen Gründung für das 12. Jahrhundert vermutet wird.

Diese Bildwerke schildern ein grundlegendes Verständnis des Mahayana und Vajrayana: die Drei-Körper-Lehre (Trikaya). Im Theravada werden ausschließlich Siddhartha Gautama und seine Vorgänger in vorangegangenen Weltzeiten verehrt. Mahayana und in der Folge Vajrayana verstehen diese Buddhas als Verkünder der Lehre im Bereich des Nirmanakaya (Körper der Verwandlung genannt, weil nichts beständig ist), der realen, irdischen Welt in einer bestimmten Weltzeit. Darüber in einer zweiten Ebene, dem Samboghakaya (Körper des Entzückens genannt, weil diese Ebene eine rein geistige Ebene ist), stehen die fünf transzendenten Buddhas der fünf Himmelrichtungen. Diese erscheinen auf der Erde in den histo-

Manisteine mit Gebetsformeln, Ladakh

rischen Buddhas, leben aber zeitlos als »Tathagatas« (Vollendete) oder »Jinas« (Sieger) jenseits der menschlichen Erfahrungen und Lebenswelt. Die dritte Ebene noch darüber ist der Dharmakaya (Körper der Lehre genannt, weil diese Ebene eine transzendente Form der buddhistischen Lehre ist), der Raum des Universal-Buddha oder Adi-Buddha, auch Anfangsbuddha, aus dem alle Buddhas der anderen Schichten hervorgehen, das Buddha-Prinzip, das Absolute.

Die Bilder von Alchi zeigen diese drei Ebenen und die ihnen zugeordneten Buddhas sowie deren Bodhisattvas (z. B. den Bodhisattva Avalokiteshvara als Emanation des Buddha Amitabha). Diese Buddhas werden umrahmt von Bildern der Schutzgottheiten und wichtiger Äbte und Mönche.

Palden Lhamo, Schutzgöttin des Tibetischen Buddhismus, Ladakh

Tempelbilder: Die Tempel in tibetischen, bhutanesischen und ladakhischen Klöstern sind meist nur von Yakbutterlichtern erhellt. So entsteht eine mystische Atmosphäre, in der man die Skulpturen und Wandbilder nur mit Mühe erkennen kann. Alle Wände, oft auch die Decke, sind mit einer Fülle von Figuren aus dem Vajrayana-Kosmos bemalt. Es gibt nur wenige Szenen aus dem Leben des historischen Buddha Siddhartha Gautama. Häufiger sind neben den vier Himmelwächtern im Eingangsbereich die unzähligen Schutzgottheiten in friedvoller oder schrecklicher Emanation zu sehen. Auch finden sich die fünf transzendenten Buddhas und häufiger noch Bodhisattvas: Avalokiteshvara, Manjushri, Maitreya, die Grüne und Weiße Tara, dazu kommen die Heiligen Padmasambhava und Tsongkhapa.

Leh – die Klöster Shey, Tikse und Hemis

Im Umfeld der Stadt Leh sind vor allem drei Klöster zu nennen, die für den Buddhismus in Ladakh hohe Bedeutung haben: Shey, Tikse und Hemis. Alle Klöster haben unterschiedliche Tempelhallen: Der Lhakhang ist die eigentliche Gebetshalle mit den wichtigsten Statuen und Wandbildern – Ort des Gebetes der zum Kloster kommenden Pilger. Der Dukhang ist als Große Versammlungshalle der Ort, wo die Mönche ihre Pujas und Rituale abhalten: Auch hier gibt es eine zentrale Statue, an den Wänden aber sind oft Regale für die heiligen Schriften des Kanjur und Tanjur und für die Ritual- und Musikgeräte (Vajra und Glocke, Trommeln ...). Um diese beiden zentralen Gebäude sind die Wohnungen der Mönche angeordnet, eventuell je nach Größe des Klosters auch weitere Räume mit Schreinen von Buddhas und Gottheiten, dazu ein eigener Raum für die Aufbewahrung der Masken für die Ritualtänze.

Mönch mit Ritualgeräten im Kloster Tikse

Shey, wie auch Tikse ca. 15 km südöstlich von Leh oberhalb des Indus gelegen, ist auf einen Felssporn gebaut und eine Mischung aus einem festungsähnlichen Palast und einem Kloster. Unterhalb der Gebäude gibt es ein großes Felsrelief mit den fünf transzendenten Buddhas, dazu weitere kleinere Reliefplatten – alle aus dem 10. Jahrhundert. Der Lhakhang wird beherrscht von einem ca. 8 m hohen Buddha Shakyamuni, dem historischen Buddha unserer Weltzeit, der aus vergoldetem Kupfer besteht.

Tikse (auch Thiksey) liegt unmittelbar neben Shey in 3300 m Höhe. Das Kloster stammt aus dem 15. Jahrhundert und ist somit jünger als Shey. Es gehört zur von Tsonkhapa gegründeten Gelugpa, der Gelbmützen-Schulrichtung des Tibetischen Buddhismus und soll von einem seiner Schüler gegründet worden sein. Der Klosterberg mit seinen über längere Zeit entstandenen Bauten und einem roten und einem weißen Teil ähnelt dem Potala in Lhasa (vgl. Seite 166f.) und dem Putuo-Zongcheng-Tempel in Chengde (vgl. Seite 184f.). Ein Gewirr einzelner Gebäude beherbergt etwa zehn verschiedene Tempelräume, dazu kommen die Räume für die Mönche. Neben verschiedenen Lhakhangs gibt es einen Raum für die friedvollen Gottheiten, zu denen hier auch Manjushri und Maitreya gehören, ebenso wie der elfköpfige Avalokiteshvara. Ein weiterer Tempelraum ist den zornvollen Gottheiten vorbehalten (besser den zornvollen Manifestationen der friedvollen Schutzgötter).

Hemis ist das größte Kloster im Gebiet von Leh und liegt – ca. 20 km von Tikse entfernt – auf der südlichen Indusseite. Die Klostergebäude ähneln denen in anderen Vajrayana-Klöstern, aber Hemis ist vor allem durch seine großangelegten Mysterientänze (Tscham) bekannt. In jedem Sommer verkleiden sich hier Mönche als Schwarzhutzauberer der alten Bön-Religion und werden dann von Darstellern der buddhistischen Heiligen (etwa Padmasambhava) in rituellen Tänzen besiegt.

Kloster Tikse

Zanskar – Dorfklöster

Der Zanskar ist der einzige Nebenfluss des Indus, der von Süden nach Norden fließt, bevor er zwischen Alchi und Leh in den Indus mündet, nach etwa 300 km Weg von seiner Quelle beim 5950 m hohen Zanskar Peak. Er ist ein reißender Gebirgsstrom, an dessen Ufern sich einige Ortschaften befinden, zudem mitten in der kargen Gebirgswelt einige Klosteranlagen – dies ist die Region Zanskar. Das Gebiet liegt zwischen 3500 und 7000 m hoch, nur etwa 10 000 Menschen leben hier. Während des Winters sind die Orte im Zanskar-Tal unzugänglich, einzig ein Fußweg führt über den dann zugefrorenen Fluss bis zum Hauptort Padam. Erst vor wenigen Jahren wurde eine Straße nach Zanskar hinein gebaut, die aber nur vier Monate im Sommer befahrbar ist. Ein im Sommer begehbarer Fußweg von ca. zehn Tagen führt nach Westen, zum Kloster und Ort Lamayuru und damit zur Srinagar-Leh-Straße.

Diese Region, früher sogar ein kleines eigenständiges Königreich, hat wegen ihrer Abgeschiedenheit einen sehr ursprünglichen Buddhismus bewahrt. Die kleinen Klosteranlagen von Zanskar, Gompas genannt, bestehen in der Regel aus einem einzigen Hauptraum umgeben von Wohnräumen für die wenigen Mönche. Die Klöster werden von der Bevölkerung durch Spenden unterhalten.

Karsha Gompa, Zanskar

An solchen Dorfklöstern sind vor allem zu nennen: Lingshed, Sani, Bardan, Mune und das in einem Seitental sehr versteckt liegende Phuktal. Zentrales und größtes Kloster aber ist das beim Hauptort des Tales, Padam, liegende Kloster Karsha (auch Karcha). Ebenso wie die meisten anderen Klöster stammt Karsha aus dem 11. Jahrhundert und war ursprünglich ein Rotmützenkloster der Kadampa. Doch als sich im 15. Jahrhundert in Tibet die Gelukpa, die Gelbmützen-Schulrichtung, durchsetzte, wechselten diese Klöster ihre Lehrrichtung und schlossen sich der tibetischen Hauptströmung an.

Die verschiedenen Klostergebäude schmiegen sich an einen kargen Berghang. Am Beginn des Aufstiegs zum Kloster stehen drei weiße Chörten, Stupas im quadratischen tibetischen Baustil. Hier stehen die ältesten Bauteile des Klosters, u. a. ein Lhakhang für den Buddha der kommenden Weltzeit, Maitreya. Auch die Wohnung des Abtes ist hier zu finden. Als das Kloster dann nach dem Wechsel zu den Gelbmützen größer wurde, mussten zusätzliche Gebäude höher am Hang errichtet werden. Sowohl der Große Versammlungssaal (Dukhang) wie auch der Raum der Schutzgottheiten und andere Tempelräume sind vollständig ausgemalt. Die Motive sind die gleichen wie sonst in ladhakischen Tempeln (vgl. Seite 203).

Es gibt eine Tochtergründung von Karsha auf der gegenüberliegenden Seite des Flusses, die von Nonnen bewohnt wird – im Tibetischen Buddhismus ist diese Klosterform sehr selten.

Mönche mit Bildern des Dalai Lama in Phuktal Gompa, Zanskar

Bildnachweis:

149 Wikipedia Commons: Peter Broster
177 Wikipedia Commons: I, Ondřej Žváček
187 Wikipedia Commons: Hons084
199 Wikipedia Commons: Sundar1
Karte im Vorsatz und Nachsatz:
Natural Earth. Free vector and raster map data
www.naturalearthdata.com

Alle anderen Fotos stammen aus dem Archiv des Autors.

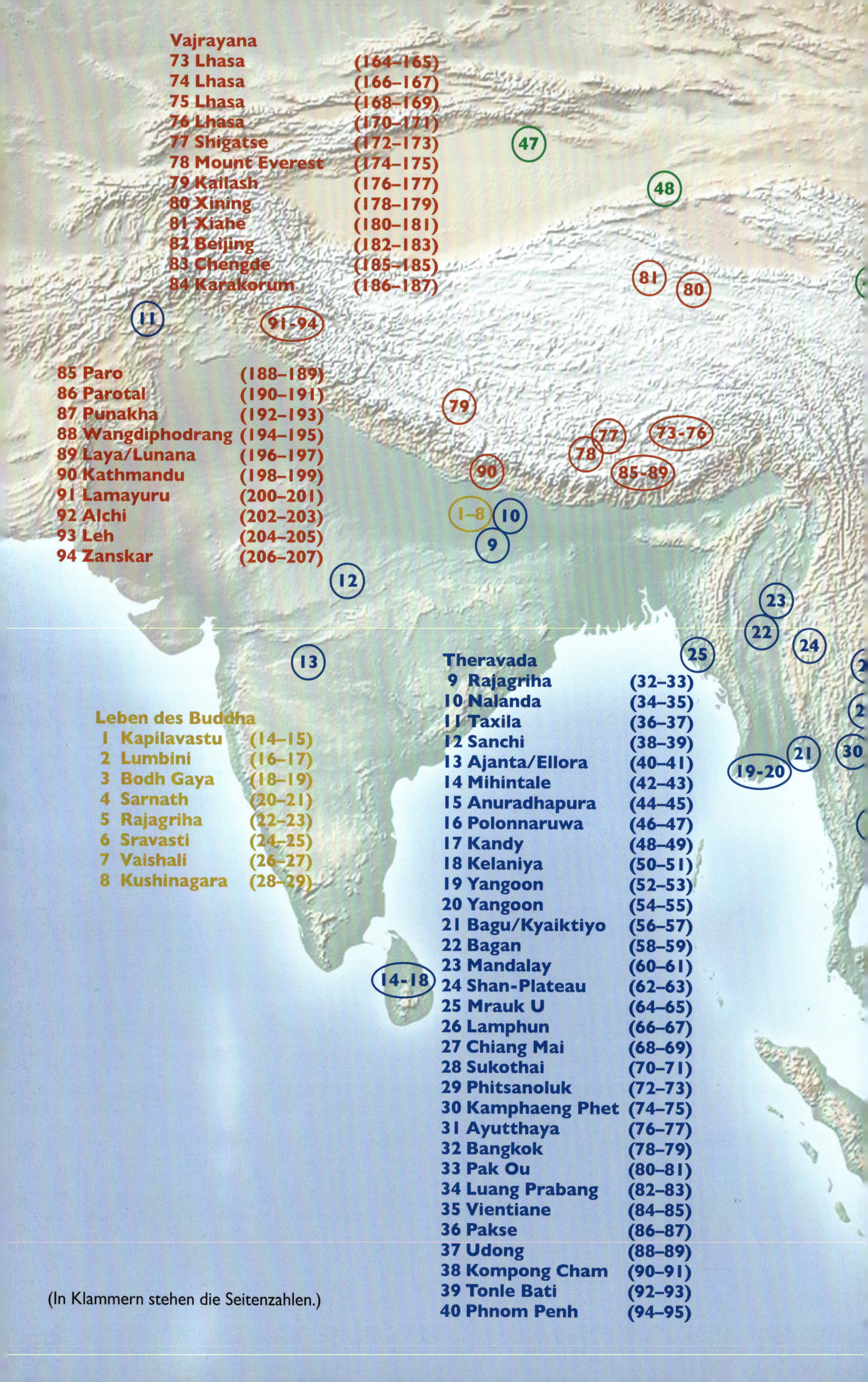

(In Klammern stehen die Seitenzahlen.)